Alfons Dragoni Elden von Rabenhorst

Strategische Betrachtungen über den serbisch-bulgarischen Krieg

1885

Alfons Dragoni Elden von Rabenhorst

Strategische Betrachtungen über den serbisch-bulgarischen Krieg
1885

ISBN/EAN: 9783744634724

Hergestellt in Europa, USA, Kanada, Australien, Japan

Cover: Foto ©ninafisch / pixelio.de

Weitere Bücher finden Sie auf **www.hansebooks.com**

Strategische Betrachtungen

über den

serbisch-bulgarischen Krieg 1885.

Von

Alfons Dragoni Edlen von Rabenhorst,
k. k. Hauptmann im k. k. Infanterie-Regimente Prinz zu Hohenlohe-Schillingsfürst Nr. 87.

Mit 1 Uebersichts- und 2 Operationskarten.

Graz 1886.

In Commission bei **L. W. Seidel & Sohn**, k. k. Hofbuchhändler,
I., Graben 13.

Buchdruckerei Gutenberg, Graz.

Vorwort.

Es mag verfrüht, ja vielleicht sogar gewagt erscheinen, heute, wo der Kanonendonner kaum noch verhallt ist, wo noch der vollständige Ueberblick über die Ereignisse und Handlungen fehlt, wo endlich die officielle Darstellung der kriegerischen Begebenheiten weder von der einen, noch von der anderen Seite verlautbart wurde, sich in eine Kritik über diesen Krieg einzulassen.

Die Basis dieser „Strategischen Betrachtungen" konnten somit naturgemäss nur die in den verschiedenen Tages-Journalen über die kriegerischen Ereignisse verlautbarten Telegramme, Berichte etc. bilden. Dass unter solchen Umständen sich in die vorliegende Arbeit vielleicht auch manche Fehler und Irrthümer eingeschlichen haben werden, kann nicht Wunder nehmen, wenn man bedenkt, wie einseitig oft der Standpunkt des Berichterstatters in einem Hauptquartiere ist; ja, wie demselben oft gerade dasjenige, was hinter den Coulissen vorgeht — also die eigentlichen Triebfedern, Beweggründe und Ursachen — verborgen bleiben. Und bekanntermassen sind doch gerade diese für eine richtige Beurtheilung der Thatsachen von höchstem Werthe.

Entgegen dem, bei ähnlichen Studien sonst üblichen Gebrauche, wurde in diese „Betrachtungen" von den kriegerischen Thatsachen so viel aufgenommen, als für die Kenntnis des Feldzuges unumgänglich nothwendig ist.

Weit davon entfernt, zu glauben, in den nachstehenden Zeilen immer das Richtige getroffen zu haben — wozu ja auch eine weitaus grössere Erfahrung gehört — hat die vorliegende Arbeit einzig nur den Zweck: den Leser zu eigenem Urtheile über diesen zwar kurzen, aber in jeder Beziehung höchst lehrreichen und interessanten Feldzug anzuregen.

Graz, den 15. März 1886.

Der Verfasser.

Benützte Quellen.

1. Agramer Zeitung. (Agram.)
2. Allgemeine Militär-Zeitung. (Darmstadt.)
3. Allgemeine Schweiz. Militär-Zeitung. (Basel.)
4. Allgemeine Zeitung. (Früher in Augsburg, jetzt München.)
5. Armeeblatt. (Wien.)
6. Armee- und Marine-Zeitung. (Wien.)
7. Budapester Tagblatt. (Budapest.)
8. Deutsche Heereszeitung. (Berlin.)
9. Fremden-Blatt. (Wien.)
10. Internationale Revue über die gesammten Armeen und Flotten. (Dresden.)
11. Kölnische Zeitung. (Köln.)
12. Kreuzzeitung (Berlin.)
13. Militär-Wochenblatt. (Berlin.)
14. Militär-Zeitung. (Wien.)
15. Narodnij Glas. (Philippopel.)
16. Národní Listy. (Prag.)
17. Neue Freie Presse. (Wien.)
18. Norddeutsche Allgemeine Zeitung. (Berlin.)
19. Pester Lloyd. (Budapest.)
20. Sepske Novine. (Belgrad.)
21. Tagespost. (Graz.)
22. Trnovska konstitucija. (Sofia.)
23. Vedette. (Wien.)
24. Videlo. (Belgrad.)
25. Wehrzeitung. (Wien.)
26. Wiener Allgemeine Zeitung. (Wien.)
27. Wiener Tagblatt. (Wien.)

INHALT.

		Seite
I.	Die politischen, geographischen und militärischen Verhältnisse vor Beginn des Krieges	1
II.	Operationsplan der Serben und Bulgaren	19
III.	Die Serben ergreifen die Offensive. — Kämpfe um Slivnica vom 17. bis 19. November	39
IV.	Unmittelbare Folgen der von den Bulgaren errungenen Siege bei Slivnica. — Schlacht bei Pirot am 26. und 27. November	53
V.	Die Operationen im Vidiner-Kreise. — Gefecht bei Adlijé am 16. November	63
VI.	Schlusswort	69

I.

Die politischen, geographischen und militärischen Verhältnisse vor Beginn des Krieges.

Die politischen Verhältnisse.

Bulgarien.

Der den Frieden von San Stefano rectificierende Berliner Congress hatte, entgegen den Wünschen des bulgarischen Volkes und jenen Russlands, das Project eines unabhängigen und geeinigten grossen bulgarischen Reiches verworfen und, wie allgemein bekannt, ein der Türkei tributpflichtiges Fürstenthum Bulgarien und eine grosse türkische Provinz — Ostrumelien genannt — geschaffen. Für die Beurtheilung der folgenden Begebenheiten kann nicht unerwähnt gelassen werden, dass derjenige Theil des Gebietes, welcher bezüglich der Ertragsfähigkeit und der Kultur des Landes, sowie bezüglich der Wohlhabenheit und der Bildung der Bevölkerung der bessere war, mit einem Worte: dass derjenige Theil des von Bulgaren bewohnten Landgebietes, in welchem die eigentlichen Lebensnerven eines bulgarischen Staatswesens wurzelten, der südlich des Balkan gelegene ist; — und gerade dieser Theil wurde zur türkischen Provinz geschlagen. Was das bulgarische Volk damals schon an inneren und äusseren Gütern besass, blieb mithin dem, ihren nationalen Wünschen noch am ehesten entsprechenden Staatswesen, dem Fürstenthume, äusserlich wenigstens vorenthalten.

Ohne des Näheren zu erörtern, was in den beiden bulgarischen Provinzen sich seit dem Jahre 1878 alles zugetragen, welche „Mittel zum Zwecke" in Bewegung gesetzt wurden, — genug an dem: am 18. September 1885 wurde zum Staunen aller Tractat-Mächte des Berliner Congresses der in Philippopel befindliche türkische General-

Gouverneur Gavril Pascha durch eine gut vorbereitete, mit überraschender Schnelligkeit, jedoch in unblutiger Weise durchgeführte Revolution seines Amtes entsetzt, die Vereinigung Ostrumelien's mit dem Fürstenthume Bulgarien proclamiert und Fürst Alexander I. von Bulgarien zum Fürsten der nun vereinigten bulgarischen Landestheile ausgerufen. Am 19. September — also schon dem darauf folgenden Tage — wurde vom Fürsten diese „Vereinigung, unbeschadet der Hoheitsrechte des Sultans, „als vollzogen erklärt", und die Mobilmachung der bulgarischen sowie ostrumelischen Truppen angeordnet. Der Fürst selbst eilte nach Philippopel, wo er am 21. September seinen Einzug hielt. Am 23. September wurde die Mobilisierung — da tagsvorher auch Serbien die Mobilmachung seiner „activen Armee", und die Türkei die Concentrierung von Truppen an der ostrumelischen Grenze angeordnet hatte — aller Aufgebote beider Bulgarien anbefohlen.

Die erste Ruhestörung im Oriente war somit von Bulgarien ausgegangen. Wenn Serbien in der Folge provocierte, so war es doch schon früher durch die factische Vollziehung der bulgarischen Union provociert. Wenn es über den Berliner Vertrag hinausgriff, so war es, um sich und seine Interessen gegen eine flagrante Verletzung dieses Vertrages zu schützen. Fürst Alexander war niemals das ganz schuldlose Opfer fremder Gewaltthätigkeit und Begehrlichkeit, als welches er sich in dem weiteren Verlaufe so gern hinstellen wollte. Ein gerechtes Urtheil wird vielmehr auf die Ausgangspunkte zurückgreifen, und dieses wird zweifellos die Priorität des Verschuldens Bulgarien zuerkennen müssen. Seine Auflehnung gegen den Willen Europa's hat die serbische Emancipation von allen Friedensmahnungen und Vorstellungen der Mächte erst hervorgerufen.

Ob Fürst Alexander von dem Philippopler-Putsch früher etwas gewusst hat? — Er selbst und ganz Bulgarien behaupteten im vorigen Jahre: nein. Seither sind jedoch Thatsachen bekannt geworden, die einen gewissen Zweifel zulassen. So soll Fürst Alexander, der mit König Milan stets eng befreundet war, seitdem er in Sofia residierte, jede durch den Geburts- oder Namenstag des Königs, der Königin oder des Kronprinzen sich bietende Gelegenheit benützt haben, um telegraphisch in herzlichster Weise zu gratulieren; es gab keinen einzigen Fall, dass Fürst Alexander an eine solche Aufmerksamkeit vergessen hätte. Nun fallen zufällig in den Monat August nacheinander der Geburtstag des Königs, der Namenstag der Königin und der Geburtstag des Kronprinzen — und im Monate August 1885 kam zum Staunen der königlichen Familie kein Zeichen der Erinnerung vom Fürsten Alexander. — Ein zweites, viel markanteres Detail ist: Die Ausführung der passageren Befestigungen bei Slivnica. Wie durch zahlreiche Zeugen erhärtet und auch von den fremden Officieren — namentlich den im Spätsommer dort gewesenen schweizerischen Officieren — bestättiget ward, war dieselbe bereits Mitte August 1885 in Angriff genommen worden, desgleichen war die wiederholt aus Sofia verbreitete Meldung, dass Slivnica seit Jahren ein ständiges Uebungslager der bulgarischen Truppen gewesen, eine absolute Erfindung. Das Uebungslager der bulgarischen Truppen war stets östlich in der Nähe Sofia's gelegen. Auf der Hauptstrasse von Sofia nach Caribrod, respective Pirot hätte doch sonst jemand jemals dieses Lager oder diese Befestigungen gesehen, die auch heute von der Strasse aus gut wahrzunehmen sind.

Serbien.

Auf dem Berliner-Congresse waren es zunächst Oesterreich-Ungarn, dann die Westmächte, welche Serbien Niš und Pirot als Lohn für die gebrachten Kriegsopfer verschafften. Man hatte die Absicht, durch die Ausdehnung und Erhebung der Macht Serbien's den Einfluss Russland's auf der Balkan-Halbinsel einzuengen.

In den Krieg gegen die Türkei, der dem letzten grossen russisch-türkischen Kriege voranging, waren die Serben durch die Machinationen russischer Intriganten hineingedrängt worden. Sie waren der Uebermacht erlegen und hatten dafür nicht Theilnahme, sondern öffentliche Beschimpfung von Seiten des Czars geerntet. An dem neuen Kriege hatten sie wieder Theil genommen und nach Kräften ihre Schuldigkeit gethan. Trotzdem mussten sie es über sich ergehen lassen, dass General Ignatieff in San Stefano sich um ihre Interessen gar nicht kümmerte, dass er ausschliesslich Sorge dafür trug, ein neues, grosses Bulgarenreich auf der Balkan-Halbinsel zu etabliren, welches nach Umfang und Reichthum den kleinen serbischen Staat weit überragte. Dass unter solchen Umständen die Beziehungen des Königreiches Serbien zu dem Fürstenthume Bulgarien sich vom Anfange an nicht sehr freundlich gestalteten, ist begreiflich, Serbien, welches für die eigene Befreiung und die Schwächung der Türkei so viele gefährliche und aufopfernde Kriege geführt hatte, mochte nicht leicht den Gedanken ertragen, dass es nun von Bulgarien überflügelt werde. Bulgarien aber, welches jene Gesinnung Serbien's genau kannte, wusste ebenso, dass Serbien sein Begehren nur auf Kosten jener Rechte befriedigen konnte, welche es selbst für sich in Anspruch nahm. Die Missgunst gegen den bulgarischen Emporkömmling somit wirkte dabei auf serbischer Seite zusammen mit dem Unmuthe, über seinen russischen Protector. Die Regierung des Fürsten Alexander war aber auch der des Königs Milan nichts weniger als ein williger Nachbar. Zu wiederholten Malen benahm sich Bulgarien feindselig, ja sogar herausfordernd gegen Serbien, so, dass bekanntlich schon im Juni 1884 die diplomatischen Beziehungen zwischen Belgrad und Sofia abgebrochen wurden. Den Anlass hiezu bot damals der Umstand, dass Bulgarien die aus Serbien vertriebenen Aufständischen und Parteigänger des Prätendenten Karagyorgyevics nicht nur gastlich aufnahm, sondern auch entlang der serbischen Grenze ansiedelte, dieselben mit Waffen und Munition ausrüstete und damit zu räuberischen Streifzügen nach serbischem Gebiete befähigte. Der zweite Streitpunkt betraf das Gebiet von Bregovo, welches nach dem Berliner Vertrage zu Serbien gehörte und ganz eigenmächtig und widerrechtlich von bulgarischen Milizen besetzt worden war. Benahm sich also das **kleine** Bulgarien so freundnachbarlich gegen das Königreich Serbien, was hatte letzteres erst von einem sehr beträchtlich **vergrösserten** „Nord- und Südbulgarien" zu gewärtigen!

Ist es somit begreiflich, dass König Milan schon am 22. September die Mobilmachung der „activen Armee" anordnete, so kann man sich doch auch eines gewissen Zweifels nicht erwehren, ob es im **ersten Momente** in der Absicht der serbischen Regierung gelegen sein mag, die **Spitze derselben gegen Bulgarien** zu kehren.

Seit dem Berliner Congresse, war das **fernere Schicksal** Serbien's innig verflochten mit dem absterbenden osmanischen Reiche und dessen unaufhaltsamen Rückgange. Hielt Serbien die Stunde dieses Zusammenbruches für gekommen, so musste es auch begreiflich erscheinen, dass es rüstete und eingedenk alter ruhmvoller Traditionen zu den Fahnen eilte, um südwärts auf altserbischem Boden wieder festen Fuss zu fassen. In **Wahrheit** scheint es somit, dass man nicht nur in Belgrad sondern auch in Athen im Augenblicke des Ausbruches der ostrumelischen Krise darauf gerechnet hatte, dass der Moment der „Liquidation" im Anzuge oder auch **schon** gekommen sei und dass man daher als „berufene Erben" sich bereit zeigen müsse, seine Ansprüche mit dem gebührenden Nachdrucke anzumelden. Darin haben sich nun, — wie die Erfahrung lehrte, wie insbesondere die Haltung der Türkei und die Gesinnung der europäischen Mächte es bekundete, - die christlichen Balkan-Staaten total verrechnet. Ob Serbien sich wirklich in dieser schwierigen, weil falschen Position befand, kann wohl nicht mit Bestimmtheit

angegeben werden, jedenfalls aber war ein Ausweg aus derselben
— ohne das offene Eingeständniss des begangenen Irrthums — nur
in der Weise möglich, wie Serbien es thatsächlich that, indem es
durch seine diplomatischen Vertreter bei den Mächten erklären
liess, dass:

„1. das serbische Volk in keiner Art für den stattgehabten
„Bruch des Berliner Vertrages verantwortlich gemacht werden
„könne;

„2 im Gegentheile Serbien in loyaler Weise diesen Ver-
„trag in jeder Richtung respectierte nnd mit grossen Opfern
„die wahrhaft onerosen Bedingungen, die ihm durch denselben
„auferlegt waren, erfüllt hat;

„3. durch die sehr beträchtliche Vergrösserung Bulgarien's
„ohne eine entsprechende Gebietscompensation an Serbien jenes
„Land eine stätige Bedrohung Serbien's würde und dass solch'
„ein Stand der Dinge die friedlichen Beziehungen zwischen
„beiden Staaten nicht fördern, sondern im Gegentheile ihre
„zukünftige Entwicklung im höchsten Grade gefährden würde.
„Für Serbien sei es daher eine Lebensfrage, dass d a s G l e i c h-
„g e w i c h t d e r K r ä f t e auf der Balkan-Halbinsel erhalten
„bleibe. Die Massregeln, welche die serbische Regierung betreffs
„der Mobilisierung der Armee ergriffen, seien von keinerlei
„Motiven der Ambition eingegeben, sondern nur zu dem
„Zwecke getroffen worden, die nationale Unabhängigkeit, für
„deren Erlangung das serbische Volk Jahrhunderte hindurch
„gefochten und die gegenwärtig mit Vernichtung bedroht ist,
„zu erhalten."

Wenn somit König Milan vor Ausbruch des Krieges dem
Fürsten Alexander gegenüber persönliche Schroffheit, ja Feindselig-
keit an den Tag legte, wenn er sich von der Besorgniss erfüllt
zeigte, dass das vergrösserte Bulgarien dem Königreiche Serbien
gefährlich werden könnte, wenn er sich deshalb zum Hüter des
Berliner Vertrages aufwarf, obgleich weder die Türkei, noch die
Grossmächte dies von ihm v e r l a n g t e n, so ist sein Vorgehen von
dem Vorwurfe nicht freizusprechen, i n n e r l i c h u n w a h r gewesen
zu sein. Thatsächlich suchte er nur einen Vorwand, um sich das
wieder zu holen, was ihm der Berliner Congress — vielleicht mit
Unrecht — versagt hatte, weil ein von der Pforte losgelöstes, auf
die Bahn seiner eigenen Kraft und seiner eigenen Aspirationen
gestelltes grossbulgarisches Königreich eine Gefahr für Serbien
gewesen wäre, was u n b e s t r e i t b a r bleibt. Erkannte man aber

das in Belgrad, so hatte man ja nur d a s j e n i g e erkannt, was
Europa auf dem Berliner Congresse s e l b s t lebhaft aufgegriffen
hatte, indem es den Vertrag von San Stefano gerade in diesen
Punkten einer entscheidenden Revision unterzog und der künftigen
Stellung Bulgarien's b e s c h e i d e n e r e Grenzen anwies. Wenn daher
König Milan angesichts solcher Besorgnisse seine Armee mobilisirte,
so war dies vielleicht eine ü b e r e i l t e Handlung, nie und nimmer
kann man aber sagen, dass sie von vorneher im W i d e r spruche mit dem Grundgedanken des Berliner Vertrages gestanden, oder aber ein Akt der Herausforderung gewesen wäre.

Nachdem endlich auch der, im letzten Jahrzehnte stets geübte
Brauch, die Entscheidung der Mächte in internationalen Fragen im
Wege einer „Conferenz" herbeizuführen, nicht nur zu keiner Entscheidung führte, sondern gerade die Conferenz der Botschafter in
Constantinopel die ganze Angelegenheit nur zu v e r s c h l e p p e n
schien, so beauftragte König Milan den mit der Vertretung Serbien's
betrauten griechischen Gesandten in Sofia Herrn Rhangabe am
Abende des 13. November der südlich-bulgarischen Regierung um
1 Uhr Nachts am 14. November zu erklären, dass er in Folge
des u n m o t i v i r t e n U e b e r f a l l e s d u r c h bulgarische
T r u p p e n und deren E i n d r i n g e n a u f s e r b i s c h e s G e b i e t
mit der Kriegserklärung antworte. Die serbische Regierung machte
somit den Ueberfall der Bulgaren auf die Serben bei Vlasina und
Daščani kladenac, welcher am Morgen des 13. November stattfand,
zum casus belli, hat aber mit der Kriegserklärung bis 1 Uhr Nachts
zum 14. November gewartet, u. zw. aus dem einzigen Grunde, weil
der 13. November ein **Freitag** — „**ein Unglückstag**" — war; jedenfalls ein U n i k u m in der Kriegsgeschichte.

Summirt man die politischen Vorgänge auf beiden Seiten vor
Beginn des Krieges, so resultirt: dass Bulgarien sich politisch
o f f e n s i v, Serbien aber d e f e n s i v verhalten hatte, dass ersteres
dagegen militärisch d e f e n s i v, letzteres o f f e n s i v auftrat.

Am 16. October hielt König Milan in Niš eine grosse Revue
über die Armee, wobei derselbe unter anderem in seiner Ansprache
sagte: „In zwei **Tagen** wird die Entscheidung fallen." — Am
16. Oktober war also die Armee — abgesehen von dem M u n i tionsmangel, der aber auch einen Monat später noch
herrschte — **operationsfähig**. War nun die serbische Armee zum
Kampfe entschlossen — und sie war es von allem Anfange her —

so war es Sache der Politik, den casus belli rasch zu ergreifen, — den an der Südgrenze Ostrumelien's aufmarschierten Bulgaren nicht Zeit zu gönnen sich bei Sofia zu concentrieren, — sich nicht durch die Intervention der Tractatmächte des Berliner Vertrages irre machen zu lassen, — dem „fait accompli" der **Bulgaren** sofort ein „fait accompli" der **Serben**, das ist: **die Einnahme von Sofia** folgen zu lassen. Mitte Oktober wäre dies den Serben trotz Munitionsmangel und fehlerhafter Operationen immerhin ein Leichtes gewesen. Das **Zaudern** der serbischen Politik war daher ein **Fehler, so gross, wie kein anderer** in diesem Kriege.

Nicht unerwähnt kann schliesslich — wiewohl nicht strenge hieher gehörend — das eigenthümliche Benehmen der Berliner Tractatmächte gelassen werden; es hat zu den curiosesten Anschauungen und Constellationen geführt. Man sah hintereinander ein Russland, welches die Ideen des Vertrages von San Stefano verwarf, und ein England, welches seine eigenste Congressschöpfung: die Sonderstellung Ostrumelien's, fallen liess; in der österr. und ung. Monarchie ergab es sich, dass in der Volksvertretung gerade diejenigen Elemente am eifrigsten für die Herstellung des status quo ante und die Unantastbarkeit des Berliner Vertrages eintraten, die vor wenigen Jahren keinen Anstand genommen hatten, diesen von ganz Europa angenommenen und ratificierten Vertrag durch ein sollennes Parteivotum zu invalidieren; man sah Serbien einen Angriff auf ein Gebiet unternehmen, das zwar unzweifelhaft türkisches, aber doch zugleich das Gebiet einer insurgierten Provinz war, so dass die Pforte in diesem Angriffe nicht nothwendig einen casus belli erblicken musste. Und, um das Mass dieser politischen und völkerrechtlichen Verwirrungen voll zu machen, erfolgte dieser Angriff angesichts der Berathungen der Conferenz in Constantinopel, also in einem Augenblicke, in welchem Europa in aller Form seinem Willen Ausdruck gegeben hatte, alle die Verhältnisse zu beherrschen und ihrer definitiven Entscheidung zuzuführen.

Die geographischen Verhältnisse.

Kriegstheater: Ganz Bulgarien und ganz Serbien. Taf. I.

Kriegsschauplatz: Der Raum zwischen der Morava, Donau, dem Isker und der Struma.

Das serbische Bergland, von unregelmässiger Vertheilung, aber innig verwachsen mit dem Rumpfe der Balkan-Halbinsel, gruppiert sich wesentlich um das Flussnetz der grösstentheils schiffbaren Morava, welche eigentlich die Lebensader des Landes, sowohl durch Befruchtung der niederen Gegenden ihres ausgedehnten Bereiches, wie durch Vermittlung des Binnenverkehres zur Donau bildet; — indess Bulgarien in seinem westlichen Theile von der Stara planina (Hodza-Balkan), in seinen mittleren und östlichen Theile von den Nordabfällen des Grossen Balkan durchzogen wird.

Serbien ist seiner vielgliederigen Gebirgsverflechtung wegen im Allgemeinen unzugänglich und unwegsam; Bulgarien dagegen setzt in seiner nördlichen Hälfte — die vielen Flussläufe abgerechnet — der Bewegung wenig Hindernisse entgegen. Das jetzige Strassennetz Serbien's verzweigt sich um ein von der Natur vorgezeichnetes Strassenkreuz, dessen Nordspitze die Hauptstadt Belgrad bildet; ein geregelter Strassenbau, vervollständigt durch die Eisenbahn Belgrad-Niš-Vranja, führt an den Ufern der grossen Morava nach Süden. Für den hier in Betracht kommenden bulgarischen Theil des Kriegsschauplatzes bildet Sofia denjenigen Punkt, von dem aus die Communicationen strahlenförmig ausgehen. Das an sich praktikable und für Truppenbewegungen brauchbare Strassennetz erfüllt indessen seinen Allgemeinzweck nicht, so lange es nicht genügend ineinander verknüpft ist, wozu die bisher nur unbeträchtlichen Zwischenverbindungen kunstmässiger Vicinal- und fahrbarer Saumwege keinesfalls ausreichen. Erst die Fortentwicklung des Eisenbahnwesens wird eine Weiterausbildung der Wege des grösseren und kleineren Verkehrs erwirken. An den weiteren Ausbau der bereits bestehenden Balkanbahnen wird Serbien sowohl als auch Bulgarien in der Erkenntniss der sehr fühlbar gewordenen Lücken sobald wie möglich herangehen müssen, es ist dies die Strecke von Niš über Sofia an die Marica-Bahn, für Serbien weiters noch von Vranja nach Skoplje an die Vardar-Bahn etc.

Die strategische Grenze Serbien's gegen Bulgarien gestaltet sich sowohl am Timok wie auch weiter südwärts zum Balkan recht günstig. Natürliche Vertheidigungsmauern schützen gegen feindliche Einfälle und erhöhen die Widerstandskraft des Landes. Nur durch Gebirgslücken findet die Invasion aus dem benachbarten Lande Eingang zum inneren Serbien. Diese Defiléen, von festen Klöstern und leicht zu befestigenden Depôtplätzen gesperrt, können längere Zeit erfolgreichen Widerstand leisten, um so mehr, als sie nur auf grossen Umwegen und mit Zeitverlust zu umgehen sind. Als Ausfallsthore unterstützen sie die active Vertheidigung, anderseits können sie je nach Umständen Fallthüren für den eingedrungenen Feind werden. In dem vorliegenden Falle hatte der südöstliche Abschnitt — das hochwellige Plateau des Flussgebietes der Ost-Morava — welcher keilartig zum Balkan vorgetrieben, Bulgarien vom Amselfelde trennt, die hervorragendste Bedeutung. Zwischen den vielgestalteten Bergreihen strömen der Morava und Nišava von Südwest und Südost zahlreiche Nebengewässer zu, deren Thalränder Uebersicht über das Vor- und Seitenterrain gewähren und ausgiebige Gefechtsstellungen zur Deckung der grossen Strassen, welche den Thalsenkungen der genannten Flüsse folgen, ermöglichen. Vom Donaustrande endlich zwischen Morava und Timok, sich südlich bis zum Tieflandsstreifen der Nišava erstreckend, verzweigt sich das Hochland in viele Stufen, die mit steilen Abbrüchen nach Aussen abfallen und nur auf schwierigen Gebirgspässen zugänglich sind, wodurch die lokale Kriegführung dieses Abschnittes wesentlich begünstigt wird. Dass das Operationsziel einer bulgarischen Armee — Belgrad — unter den geschilderten Verhältnissen hinreichend gedeckt war, bedarf wohl keines näheren Beweises.

Fasst man das bisher Gesagte in kurzen Worten zusammen, so fällt wohl bei einem nur flüchtigen Blick auf die Karte in's Auge, dass für eine serbische Offensive die Richtung Niš-Pirot-Slivnica-Sofia die hervorragendste, jene aus dem unteren Timok-Thale nach Nord-Bulgarien nur eine nebensächliche Bedeutung hatte.

Wie ungünstig gestalteten sich dem gegenüber die geographischen Verhältnisse für Bulgarien. Sofia, die Hauptstadt des Landes, kaum etwas über 4 Tagmärsche von Pirot entfernt, lag eigentlich — bis auf die Position von Slivnica, welches in der That als der Schlüssel des ganzen Balkan-Plateau's und der bulgarischen Hauptstadt anzusehen ist, und auch dementsprechend fortificatorisch verstärkt war — einer serbischen Invasion vollkommen ungedeckt da.

Selbstverständlich standen einer bulgarischen Offensive dieselben Räume zur Verfügunng.

Die militärischen Verhältnisse.

1. Das materielle Element.

a. Stärke-Verhältniss. Die bulgarische Armee bestand aus Truppen des Fürstenthumes Bulgarien und der türkischen Provinz Ostrumelien; dieselbe setzte sich zusammen aus der „activen Armee" oder dem 1. Aufgebote, aus den Formationen des 2. Aufgebotes, endlich aus Landsturm- und Freiwilligen-Formationen. Demgemäss hatte die bulgarisch-ostrumelische Armee an Streitbaren eine Gesammtstärke von höchstens: 85.000 Mann der Fusstruppen, 1.350 Reitern und 100 Geschützen. Hievon entfielen 36.000 Mann Fusstruppen, 1.350 Reiter und 100 Geschütze auf die „active Armee",

30.000 Mann der Fusstruppen auf die Formationen des 2. Aufgebotes, weiters 14.000 Mann der Fusstruppen auf die Landsturm- und Freiwilligen-Formationen. Endlich besass Bulgarien eine Donau-Flottille von 6 Dampfern mit 15 Geschützen, sowie 6 Torpedo-Boote.

Serbien besass die „active Armee", d. i. denjenigen Theil der Wehrkraft, welcher das 1. Aufgebot der Wehrpflichtigen, die 10 jüngsten Altersklassen (vom 20. bis zum 30. Lebensjahre) umfasst. Die aus dem 2. Aufgebote zu formirende „Reserve-Armee" und der, das 3. Aufgebot umfassende „Landsturm" wurden vorerst nicht mobilisiert. Das stehende Heer (der „permanente Cadre") zählte im Frieden Alles in Allem 17.000 Mann mit 144 bespannten Geschützen und sollte im Kriege die „active Armee" bilden, an Streitbaren*) zusammen: 50.000 Mann der Fusstruppen, 3.200 Reitern und 264 Geschützen. Die Mobilisierung hatte aber gezeigt, dass diese auf dem Papiere stehenden Zahlen in Wirklichkeit unerreichbar waren. Diese oder jene vom 1. Aufgebote sollen nicht einberufen worden sein, so dass die ohnehin schwachen serbischen Compagnien (186 Mann) um 20 bis 30 Nepoten unter dem Stande waren, die Combattantenzahl der Fusstruppen der „activen Armee" demnach auf kaum 40.000 Mann herabsank. Mit den beim Timok-Corps eingetheilten 7 Bataillonen 2. Aufgebotes mochte die gesammte Armee etwa 45.000 Combattanten erreicht haben.

Auch die Mobilisierung der organisationsgemässen Anzahl von Escadronen und Batterien scheint auf Hindernisse gestossen zu sein. Es fehlte im Lande an geeigneten Reit- und Zugpferden in der erforderlichen Menge.

Die Verstärkung der „activen Armee" durch die „Reserve-Armee (Wehrpflichtige des 2. Aufgebotes vom 30. bis 37. Lebensjahre) etwa 50.000 Mann und des „Landsturmes" (Wehrpflichtige des 3. Aufgebotes vom 37. bis zum 50. Lebensjahre) etwa 110.000 Mann war zunächst nicht in Aussicht genommen.

Die gegenseitigen Kräfte der mobilisierten bulgarisch-ostrumelischen Armee zur serbischen Armee verhielten sich demnach·

Combattanten der Fusstruppen wie 2 : 1
Reiter und Geschütze . . . „ 1 : 2.

b. Ergänzung. Beide Armeen nach dem Principe der allgemeinen Wehrpflicht, u. z. währt dieselbe in Bulgarien und Ostrumelien vom 20. bis zum 32. Lebensjahre, in Serbien vom 20. bis zum 50. Lebensjahre.

---

*) Es sei hier erwähnt, dass zu den „Streitbaren oder Combattanten" stets nur die „Bajonette" der Infanterie, beziehungsweise die „Säbel" der Cavallerie gerechnet werden. Die Artillerie wird nach der Zahl der Geschütze ausgewiesen.

c. **Organisation.** Während die **bulgarische** und **ostrumelische** Armee noch den ausgesprochenen Charakter eines „Milizheeres" hatten, könnte man die **serbische**, d. i. die „active Armee" schon annähernd zu den „stehenden Heeren" zählen. Die Organisation der serbischen Armee war demnach jener der bulgarischen und ostrumelischen weit überlegen. Sie trug nicht mehr den Charakter einer Improvisation, sondern fusste auf so sicheren organischen und administrativen Grundlagen, dass sie allgemein als die beste und stärkste unter allen übrigen Armeen der Balkanländer erscheinen musste. Bei allen drei Armeen endlich lag das Princip des **Territorial-Systems** der Organisation der Wehrmacht zu Grunde; in den beiden ersteren war das System der **Centralisation**, in letzterer theilweise der **Decentralisation** der Vorräthe durchgeführt.

d. **Bewaffnung.** Bei der **bulgarischen** und **ostrumelischen** Armee eine gemischte aus alten und neuen von der russischen Armee adoptierten Systemen, u. z. erhielten bei der ostrumelischen Infanterie die Reserven, welche in die „active Armee" eingetheilt wurden, fast ausschliesslich das ältere Krnka-Gewehr, während die active (präsente) Truppe, sowie die bulgarische Armee mit dem neuen Berdan-Gewehre versehen war. Die Freiwilligen endlich der ostrumelischen Armee, sowie die Wehrpflichtigen des 2. Aufgebotes wurden mit dem Martini-Gewehre betheilt. Unter den Batterien befanden sich einige mit Krupp-Geschützen (türkische Beute) und russischer Dotation ausgerüstete.

Das **serbische** Mauser-Milovanović-Gewehr — das beste der europäischen Ordonnanz-Gewehre — ist dem bulgarischen, eigentlich russischen Berdan-Gewehre weit überlegen. Mit demselben war die „active Armee" Serbien's ausgerüstet; für das 2. Aufgebot waren Gewehre — System Prabody — bestimmt. Die Artillerie hatte noch Rücklade-Feldgeschütze (la Hitte) veralteter Construction. Für die heutige Kriegführung war demnach das Geschützmaterial Serbien's qualitativ derart unzulänglich, dass man darauf verzichtet zu haben schien, der Feldarmee den ganzen Ballast an alten Bronce-Geschützen mitzugeben, welcher in den Depots der Formirungsorte aufgespeichert war. Da man die Neubewaffnung mit Geschützen des französischen System's de Bange erst kurz vor der Mobilmachung beschlossen hatte, ihre Einführung daher kaum begonnen war, so beschränkte sich das für den Feldgebrauch verwendbare Geschützmaterial Serbien's auf eine gewisse Anzahl in Kragujevac adaptierter Bronce-Geschütze, sowie auf einige Geschütze der Systeme Krupp, Armstrong und de Bange, welche theils als türkische Beute, theils zu Versuchszwecken in's Land gekommen waren.

e. Ausrüstung. In Bulgarien und Ostrumelien war die gesammte Ausrüstung in Sofia beziehungsweise Philippopel centralisirt; in Serbien dagegen theilweise decentralisirt. Die Armee-Haupt-Ausrüstungsanstalten Serbien's waren in Belgrad und Kragujevac concentriert. In jedem Divisions-Bezirke befanden sich aber Depots, sogenannte „Handmagazine" für Artillerie- (Munitions-), Ingenieur- und Sanitätszwecke, ausserdem permanente und zeitliche Proviantmagazine, mindestens ein grosses Artillerie-Magazin mit Pulverdepot und endlich permanente oder zeitliche Militär- und Thierspitäler. Dass beiden Armeen die Ausrüstung für einen Winterfeldzug mangelte, ist zur Genüge bekannt. Was aber erst in den letzten Monaten in die Oeffentlichkeit drang, steht bisher in der Kriegsgeschichte wohl einzig da, und war das grösste Verhängniss, das über die serbische Armee hereinbrechen konnte, es war: **Munitionsmangel.**

Der Kriegsberichterstatter Herr J. Lukeš der „Wiener Allg. Ztg." schreibt hierüber im „Armeeblatt" vom 2. Februar 1886: „An demselben litt die serbische Armee an der Nišava seit dem zweiten Kampftage von Slivnica, seit dem fünften Tage des Krieges überhaupt, d. i. seit dem 18. November. An diesem Tage berechnete man im Armee-Hauptquartier die gesammte Taschen- und Reserve-Munition, bei der Armee wie im ganzen Lande überhaupt, auf 140 Patronen durchschnittlich per Feuergewehr. Nichtsdestoweniger waren schon damals einzelne Divisionen so gut wie ohne Munition, weil selbst die vorhandene nicht in der Kampflinie zur Stelle war, sondern erst nachgeschoben werden musste. Zu Beginn der Kämpfe bei Pirot am 26. November zählte man nur mehr 70 bis 80 Patronen per Mann und am Abend des 27. war die ganze Armee so gut wie verschossen, so dass sie am 28. beinahe ohne Munition dastand. Beweis dessen lieferte eine Visitation des 19. (Garde) Bataillons am 8. December, welche durch den Commandanten desselben, Hauptmann Lazar Petrovich, in Ponor vorgenommen wurde, wobei die Leute 4 bis 10 Patronen in den Taschen, einzelne aber gar keine mehr hatten, wesshalb dieselben abgenommen und neu vertheilt wurden, so, dass 6 bis 7 Patronen auf den Mann entfielen. Der erste grössere Transport, der über Hals und Kopf in Kragujevac und sonst fabricirten neuen Munition traf aber erst am 13. December bei der Nišava-Armee ein". — Dieser Umstand erklärt nun allerdings so manche Vorgänge in der serbischen Armee während der Operationen, die dem Fernstehenden **unbegreiflich** erschienen.

f. Mobilisierung. Ob eigene Vorschriften hiefür, ähnlich wie dies bei den Militär-Staaten des Continents der Fall ist, und in welchem Umfange sie etwa bestanden, oder nicht, und in wie weit sie entsprachen etc., kann — bei der völligen Unkenntniss über dieselben — einer Kritik nicht unterzogen werden. Im vorliegenden Falle war dies jedoch insoferne von keinem Belange, als ja beide Armeen 8 Wochen Zeit zur Mobilmachung hatten. Thatsache ist es, dass die **Serben** schon nach 4 Wochen — abgesehen von dem Munitionsmangel — **operationsfähig** waren. Was dagegen die **bulgarische Armee** anbelangt, so dürfte für dieselbe jedenfalls der Ausspruch ihres gewesenen Kriegsministers, des russischen Generals Cantacuzene massgebend sein. Nach demselben war. „Die bulgarische Armee 6 **Tage**, nachdem die Mobilisierungs-Ordre erflossen, bereit, in's Feld zu rücken, mit blosser Ausnahme jener Regimenter, welche in den entfernteren Theilen des Fürstenthumes garnisonirt waren 13 **Tage** nach der Promulgierung des Mobilisierungs-Decretes war die gesammte bulgarische Streitmacht auf dem Marsche".

g. Erhaltung. Die Streitmassen, welche in den Kriegen der Jetztzeit auf einem verhältnissmässig kleinen Raume vereint werden, erfordern besondere Vorkehrungen für die Erhaltung und Ernährung, und dies umsomehr, wenn es sich — wie in diesem Kriege — um einen **Winterfeldzug** handelte.

Diesen Forderungen scheinen die **Serben** nicht entsprochen zu haben, denn der Zustand und die Fachbildung der Verpflegs-, Verwaltungs- und Nachschubs-Behörden liess entschieden **Alles zu wünschen übrig**. Man muss es offen anerkennen, dass die **Bulgaren** dies ganz **anders** verstanden. Serbien besass doch organisationsgemäss einen Train; Bulgarien hatte nicht einmal das Embryo eines solchen*) und doch welch' grosser Unterschied im Nachschubswesen! Während des ganzen Vor- und Rückmarsches war die Armee dem **Verhungern** nahe, ja selbst in allerletzter Zeit und im eigenen Lande an der Bahn bei Niš soll Unzufriedenheit in der Armee geherrscht haben, weil die Truppen nur trockenes Brod und gar keine warmen Speisen erhielten Das sind nun allerdings Unterlassungssünden, die nicht nur der serbischen Intendanz, sondern auch der Kriegsverwaltung schwer **zur Last** fallen.

---

*) Nach Angabe des Fürsten Cantacuzene wurde der Train durch Bauern beigestellt, deren Gefährte in gesetzlicher Weise requirirt wurden.

Entsprach auch das bulgarische Nachschubswesen nicht dem europäischen Begriffe desselben, so kam ihm anfangs der Aufenthalt im eigenen Lande und die Entfernung nur eines Tagmarsches von der Operations-Basis jedenfalls vorzüglich zu statten.

i. Zusammensetzung der Streitmittel. Bulgarisch-ostrumelische Armee: 3 Divisionen 1. Aufgebotes à 2 Brigaden; Bataillone 2. Aufgebotes; Freiwilligen-Bataillone; Landsturm-Bataillone; sämmtliche unter dem Oberbefehle des Fürsten Alexander I. von Bulgarien. Generalstabs-Chef: Hauptmann Petrow.

Die durch Verhältnisse herbeigeführte Gruppirung der Streitkräfte hatte von Haus aus ein Festhalten an den höheren Armee-Verbänden (Brigaden, Divisionen) nicht gestattet. Hierüber äusserte sich in einem Berichte der bulgarische Correspondent (es soll dies der bulgarische Oberstlieutenant von Corvin gewesen sein) der „Kölner Zeitung" an dieses Blatt folgendermassen: „Die durch den Abgang der Russen gelöste hierarchische Ordnung des Heeres war eigentlich für die unteren taktischen Einheiten wieder hergestellt worden, d. h. es gab nur Regimenter, Bataillone, Compagnien, beziehungsweise Schwadronen. Für die Reiterei war auch ein Brigade-Commando (Oberstlieutenant von Corvin) vorhanden; für die Artillerie ein Artillerie-Obercommando (Hauptmann Panow), dem alle Batterien unmittelbar unterstanden; für die Infanterie aber gab es an Stelle regelrechter Brigaden und Divisionen nur „Detachements", die in ganz ungleichmässiger Stärke bald Brigaden, bald Divisionen genannt wurden, aber namentlich was die Division betrifft, diesen Namen eigentlich nicht verdienten, da ihnen die Unterabtheilungen, die Brigaden, fehlten. Alle Regimenter einer Division unterstanden dem unmittelbaren Befehle des Divisions-Commandeurs, ebenso die zahlreichen nicht regimentierten Bataillone, Milizen, Freiwillige und Ostrumelier. Dabei wechselten die Stärken der Divisionen unaufhörlich. Das schlagendste Beispiel in dieser Beziehung bot die, die Vertheidigung von Slivnica führende Division Gutschew, die am 15. November nur 7.000 Mann stark war, um bis zum 20. auf fasst 35.000 Mann anzuschwellen, ohne dass in der Eile die Errichtung von Unterabtheilungen möglich gewesen wäre. Dabei bestand Major Gutschew's ganzer Stab aus einem Hauptmann und einem Lieutenant als „Generalstabs-Officiere", zwei Lieutenants als „Divisions-Adjutanten"

Serbische Armee: 4 Divisionen und 1 Cavallerie-Brigade — die Nišava-Armee — unter dem Oberbefehle des Königs Milan. Generalstabs-Chef: Kriegsminister General Petrovich.

1 Division und mehrere Bataillone 2. Aufgebotes — das Timok-Corps — unter General Lješanin. Generalstabs-Chef: Oberst Miletić.

Was die Stärkeverhältnisse der Truppen sowohl als der Heereskörper anbelangt, so gibt die Beilage zu Nr. 5 des „Militär-Wochenblattes" (Berlin, den 16. Jänner 1886) dieselben folgendermassen an:

	Bulgaren			Ostrumelier			Serben		
	Mann der Fusstruppen	Reiter	Geschütze	Mann der Fusstruppen	Reiter	Geschütze	Mann der Fusstruppen	Reiter	Geschütze
1 Infant.-Compagnie	250	—	—	243	—	—	186	—	—
1 Escadron (Sotnie)	—	150	—	—	150	—	—	176	—
1 Infant. - Bataillon (Druschine) . . .	1024	—	—	973	—	—	754	—	—
1 Infant.-Regiment	3084[1])	—	—	—	—	—	3014*)	—	—
1 Cavallerie-Regim. (4 Escadronen) .	—	600	—	—	—	—	—	714	—
1 Feldbatterie . . .	—	—	8	—	—	4	—	—	6
1 Infant.-Division .	13500	600	48	12400	350	4	10000	700	48

2. Das geistige Element.

a) Geist im Heere: Auf beiden Seiten vortrefflich. Die Bulgaren und Ostrumelier kämpften um ihre nationale Vereinigung und Selbstständigkeit; sie wussten, dass sie im ungünstigsten Falle nichts zu verlieren hatten. Bei den Serben entsprach der Krieg den Intentionen und Traditionen der Bevölkerung. Trotz den Misserfolgen haben sich die Truppen mit einer ausserordentlichen Bravour geschlagen.

b) Ausbildung. In der bulgarischen Armee erfolgte die Ausbildung der Officiere in den russischen Militärschulen. Die Reglements, die Dienst- und Commandosprache war die russische. Bei Beginn des Krieges war die Ausbildung der bulgarischen Armee eigentlich noch in ihrer Entwicklung begriffen, nichtsdestoweniger war schon damals die vorzügliche Ausbildung und Disciplin der jungen Armee, für die man erst in den letzten Jahren ein heimatliches Officiers-Corps zu schaffen begann, anerkannt. Da sich die bulgarischen Abtheilungen bereits im letzten Feldzuge unter russischer Führung bedeutend hervorgethan haben, konnte man mit Recht annehmen, dass sie bei einem eventuellen künftigen Feldzuge alle

---

*) Die bulgarischen Regimenter hatten 3, die serbischen 4 Bataillone.

Anforderungen und Hoffnungen, welche man in sie setzte, erfüllen werden. Bemerkenswerth ist der Ausspruch des mehrgenannten Fürsten Cantacuzene über den bulgarischen Soldaten. Derselbe sagt: „Der bulgarische Landmann gibt ein prächtiges Rohmaterial für die Armee ab, er marschirt so gut, wie wenige europäische Soldaten. In der letzten Campagne sind wiederholt Fälle vorgekommen, dass Abtheilungen nach Märschen von 30 bis 40 Kilometern keine Spur von einer Ermüdung zeigten. Der bulgarische Soldat verbringt 5 Jahre in den Reihen, während der serbische Soldat nominell 2 Jahre im activen Dienste steht, in Wirklichkeit aber seine militärische Dienstpflicht selten die Zeit von 6 Monaten überschreitet".

Es ist bekannt, dass die bulgarische Armee durch den Abgang der russischen Officiere nicht nur ihre Führer, sondern fasst alle ihre Officiere verloren hatte. Durch den Machtspruch des Kaisers Alexander von Russland nämlich verliessen sämmtliche russische Officiere, also der ganze Generalstab, das ganze Kriegsministerium, alle Stabsofficiere und etwa 2 Drittel der Hauptleute die Armee. Russland hatte hiedurch einen fast zerschmetternden Schlag gegen das bulgarische Heer geführt. Dass jedoch dieser Umstand nicht zersetzend auf die Armee wirkte, dass sie denselben überhaupt überdauerte und trotz alldem ihre Schlagfähigkeit bewahrt hatte, ist gewiss ein glänzendes Zeugniss für ihren inneren Gehalt. Allerdings muss hervorgehoben werden, dass die Strammheit, mit welcher die Bulgaren in den Kampf eintraten, nicht nur nationales Selbstverdienst, sondern — in dieser Beziehung, hatte der, nach Beendigung des Krieges erlassene Tagesbefehl des Kaisers Alexander allderdings die Wahrheit gesagt —: „die Frucht harter und unbeugsamer russischer Erziehung war." — Eine „Armee, geführt von Lieutenants", hat man sie nicht mit Unrecht genannt, und der Spott, mit dem man diese seltsamen Verhältnisse besprach, verwandelte sich allmählich in einen gewissen Respect vor den „Hauptmann-Brigadiers" und „Lieutenant-Bataillons-Commandanten", die da in Action traten. Die ostrumelische Miliz verfügte wohl über einzelne, aber doch über zu wenig höhere Officiere, um eine wesentliche Aushilfe leisten zu können.

Ueber die militärische Thätigkeit der ostrumelischen Milizen hatte der „Russische Invalide" auf Grund der im Jahre 1884 stattgehabten Sommerübungen einige kritische Bemerkungen veröffentlicht. Vor allem wurde die schlechte Marschdisciplin gerügt; im Lager herrschte wenig Ordnung. Weder die Infanterie noch die Artillerie wusste, was Feuerdisciplin sei, indem sie die Action auf viel zu grosse

Entfernungen eröffnete. Die Organisation des Proviantwesens wurde ebenfalls als schlecht bezeichnet. Die Thatsachen haben jedoch auch hierin gerade das Gegentheil gezeigt.

In der serbischen Armee besorgte die Ausbildung des Officiers-Corps die Militär-Akademie in Belgrad. Die Individualität der waffenfähigen Bevölkerung bietet unter normalen Verhältnissen ein äusserst brauchbares Truppenmateriel. Von kräftigem Körperbau, genügsam und abgehärtet, ist der Serbe von Natur ein tüchtiger Soldat; es bedarf nur einer guten Ausbildung und festbegründeter Disciplin, um die Keime seiner vortrefflichen militärischen Eigenschaften zur Reife zu bringen.

Unleugbar ist es, dass die serbische Armee in den letzten Jahren nicht nur in ihrer Organisation, sondern auch in ihrer Ausbildung bedeutende Fortschritte gemacht hatte und in letzterer Beziehung der bulgarischen Armee weitaus überlegen war. Die taktischen, sowie die militärischen Vorschriften, weiters die Einrichtung der Heeresanstalten lehnen sich mehrfach an die unseren an, wie denn auch seit einer Reihe von Jahren serbische Officiere theils im praktischen Dienste bei der österreichisch-ungarischen Truppe, theils in den Wiener höheren Fachanstalten ihre Studien vollendet haben. Trotz all' dem soll das Feuer der Serben den Bulgaren wenig Schaden beigebracht haben, da die Serben meist überschossen. Es zeigte sich ferners, dass den Serben die Kunst, zu recognosziren, mangelte; sie wussten nie recht, wo der Feind stand. Die Entwicklung ihrer Gefechtslinien war stets zu lang, indess die Bulgaren sich immer zu concentrieren suchten.

Alles in Allem zusammengefasst geht hervor, dass die serbische Heeresleitung und mit ihr fasst die ganze „militärische Welt" glaubte, es nur mit einer rohen Miliz ohne alle militärische Qualification zu thun zu haben; die Wirklichkeit aber hatte es den Serben grausam bewiesen, wie wenig zutreffend diese Voraussetzung gewesen.

c) Generalstab. Die bulgarisch-ostrumelische Armee besass denselben eigentlich nicht. Der ganze Generalstab des bulgarischen Hauptquartiers bestand aus dem Generalstabs-Chef Hauptmann Petrow und dessen Gehilfen Hauptmann Paprikow, beide in der russischen Generalstabs-Akademie in Petersburg ausgebildet. Es liegt auf der Hand, dass unter solchen Umständen die Befehlsgebung ungemein schwierig werden musste. Dagegen muss hervorgehoben werden, dass der Kundschaftsdienst recht gut bestellt war, weil die Landbevölkerung dem bulgarischen Heere freiwillig Kundschafterdienste leistete, was zur weiteren Folge hatte, dass dasselbe mit den Terrainverhältnissen besser vertraut war, als die Serben.

Der serbische Generalstab im Frieden organisirt und bei den Territorial-Divisionen eingetheilt, entsprach — was wissenschaftliche Bildung anbelangt, — wohl theilweise den an einen Generalstabs-Offizier zu stellenden Anforderungen. Zum Chef desselben wurde der Kriegsminister General Petrovich ernannt. Die Berufung des Kriegsministers auf den Posten als ersten strategischen Rathgeber des Königs in einem Zeitpunkte, wo ein Wechsel im Kriegsministerium unbedingt nachtheilig sein musste, wo es von der höchsten Wichtigkeit war, dass der Leiter dieses Ministeriums die genaueste Kenntniss von der in Belgrad concentrirten Armeeverwaltung hatte, um nicht nachtheilig auf die Ausrüstungsverhältnisse einzuwirken, war eine unmittelbare Folge der Verabsäumung, schon im Frieden eine geeignete Person an die Spitze des Generalstabes gestellt zu haben.

d. Feldherrn. Beide Monarchen sind auf dem Gebiete der Kriegführung bisher als Neulinge aufgetreten. Militärische Urtheilskraft und zielbewusste Entschlossenheit ist beiden Herrschern in gleichem Masse eigen, beide verstehen es eine, grosse Sache geschickt zu führen, beide reden vortrefflich und wissen hiedurch ihre Truppen zu begeistern und hinzureissen.

Unstreitig war es eine der verzweiflungsvollsten Situationen, in der Fürst Alexander I. von Bulgarien am Abende des 15. November sich befunden haben mag. Dass er dieselbe so erfolgreich zu lösen verstand, beweist doch unzweifelhaft, dass ihm nicht nur alle Soldatentugenden in einem höheren Grade eigen sein müssen, sondern dass er auch zu den wenigen von der Vorsehung begnadeten Menschen gehört, die auch die Talente eines Heerführers besitzen.

II.
Operationsplan der Serben und Bulgaren.

Ein Operationsplan — wenn er Anspruch auf Zweckmässigkeit haben soll — kann kein Recept sein, das vom Beginne, wo der Vorhang des Kriegstheaters aufgezogen wird, bis zum Schlusse des Dramas eine genaue Vorschrift über alle Bewegungen und Gefechte gibt. Er kann somit, mit Rücksicht auf das Terrain und die wahrscheinliche Gruppirung der feindlichen Kraft nur bis zur ersten Etape, dem ersten Hauptschlage führen, dann aber gibt die hier gefallene Entscheidung erst den Massstab für die weiteren Operationen. Allerdings muss man die beiden Eventualitäten: Sieg oder Niederlage in's Auge fassen und vordenken, welche Wege dann nach vor- oder rückwärts einzuschlagen möglich oder nothwendig sein werden, welche technischen und sonstigen Vorkehrungen erforderlich werden dürften, denn der Feldherr darf sich nie vom Schicksale überraschen lassen. Welche Wege aber dann wirklich eingeschlagen werden, das weiss zur Zeit der Kriegserklärung wohl Gott allein. Unter allen Verhältnissen bildet aber, — mögen die Verhältnisse welche immer sein — das **erste, wichtigste** und **entscheidendste** Operationsobjekt: Die feindliche **Hauptarmee**; ist diese geschlagen, zersprengt, mit einem Worte: hat sie ihre Widerstandskraft verloren, so fällt alles Uebrige als reife Frucht in den Schoss des Siegers.

Serben.

Wie wenig, besser gesagt, gar nicht entsprach der serbische Operationsplan diesen ersten und wichtigsten Lehrsätzen der Strategie. Wahrlich, es scheint, als ob der deutsch-französische Krieg 1870/71 für den serbischen Generalstab in den Bereich der Fabeln gehören; eine Literatur über denselben gar nicht existieren würde, denn sonst ist es nicht zu begreifen, wieso derselbe in solche Fehler verfallen konnte. Nur ein Blick in dass „Memorie" über den Operationsplan der Deutschen*) hätte genügt, um daraus zu entnehmen, dass Moltke: „Die Hauptmacht des Gegners aufzusuchen, und wo man sie findet anzugreifen", als das nächste Operationsziel in demselben bezeichnet. Dem entgegen fällt im serbischen Operationsplane der Tenor auf das „geographische Moment".

Die Politik Serbiens war zunächst auf die Erhaltung des status quo ante, d. h. auf die Verhinderung der Union Bulgarien's mit Ostrumelien gerichtet. Für den Fall, als durch höhere Einflüsse die Union zu Stande kommen sollte, hatte die serbische Politik wenigstens die Erhaltung des Gleichgewichtes auf der Balkan-Halbinsel in's Auge gefasst, indem von den neuentstehenden Gross-Bulgarien die von Serben bewohnten westlichen Grenz-Districte, namentlich jene von Trn und Vidin, zu Serbien geschlagen werden sollten. Es fehlte sogar nicht an gewichtigen Stimmen, welche das gesammte Territorium von der serbischen Ost- und Südostgrenze bis zu der durch die Flüsse Isker und Struma gebildeten Linie für Serbien reclamierten; ein Territorium, welches nahezu so gross ist, als halb Serbien selbst. Die serbische Heeresleitung ging somit in **erster Linie** auf die Occupation des begehrten Territoriums aus und dachte erst in **zweiter Linie** an das erste und wichtigste Operationsziel, dem — wie schon erwähnt — alle andern Ziele als reife Frucht in den Schoss fallen: **Die Zersprengung der feindlichen Hauptmacht.** Nebst Besetzung der ebengenannten Bezirke war unverkennbar als das nächste Operationsziel: „Sofia", — in Aussicht genommen, als „leitender Gedanke" zur Erreichung desselben zeigte sich schon von den ersten Bewegungen das Bestreben des serbischen Hauptquartieres: die feindliche Hauptmacht durch eine einfache strategische Umgehung ihres linken Flügels in nördlicher Richtung gegen den Balkan zu-, also von ihrer natürlichen Verbindung mit Sofia abzudrängen.

Bulgaren.

Taf. I. II. Es wird immer ein glänzendes Zeugnis für das politische und militärische Talent des Fürsten Alexander I. bleiben, dass derselbe militärisch überrascht, politisch isoliert, von zwei in der Versammlung begriffenen Heeren, einem türkischen im Osten und Süden, einem serbischen im Westen, gleichzeitig bedroht, nicht einem schnellen Untergange entgegen ging. Man versetze sich doch nur einen Moment

---

*) Der deutsch-französische Krieg 1870/71, redigirt von der kriegsgeschichtlichen Abtheilung des grossen Generalstabes. I. Theil, Heft 1, Seite 73.

in die verzweiflungsvolle, in der Kriegsgeschichte wohl beispiellos dastehende Lage des Fürsten. Mit den grössten Theil seiner Armee an der Südgrenze Ostrumelien's aufmarschiert, welcher der bisherige Schirmherr Bulgarien's während der Mobilmachung fast alle Offiziere entzogen hatte, durch die „Streichung" aus den russischen „Offizierslisten" persönlich beleidigt, erhält Fürst Alexander am 14. November in Philippopel die Kriegserklärung Serbien's. Mit der noch in der Neu-Formirung begriffenen Armee — Front gegen die Türkei stehend — ohne Officieren, soll nun dem von Nordwesten anrückenden Gegner die Stirne geboten werden, welchen nur 4 Tagemärsche von Sofia trennen, während man selbst bis dahin, deren 4 bis 7 zurückzulegen hatte. Wäre es unter diesen Verhältnissen ein Wunder gewesen, wenn Fürst Alexander Alles „im Stiche" gelassen hätte und plötzlich vom Schauplatze verschwunden wäre?! — Gewiss nicht! — Hatte sich aber der Fürst die Aufgabe gestellt: Herr der Situation zu bleiben, war er entschlossen treu bei seinem Volke auszuharren, dann galt es rasch zu handeln.

Was konnte, was m u s s t e also geschehen? — Die Antwort auf diese Frage: s i c h b e i S o f i a s a m m e l n, war allerdings sehr l e i c h t; die Durchführung äusserst s c h w e r, wenn nicht unmöglich. Fern von allen künstlichen Combinationen, unvermögend dem Gegner auf allen Theilen der nahezu 290 km langen Grenzlinie eine ebenbürtige Kraft entgegenzustellen, endlich eingedenk des Grundsatzes: **„Wer Alles decken will, deckt Nichts"**, — concentrirte demnach auch Fürst Alexander alle seine Kräfte auf einem, u. z. dem H a u p t p u n k t e, um — da seine numerische Kraft im Beginne der Operationen der feindlichen untergeordnet war — wenigstens auf diesem als der „r e l a t i v S t ä r k e r e" auftreten zu können. Von Haus aus militärisch auf die D e f e n s i v e gewiesen, war somit der P l a n Alexander's dahin gerichtet: unter V e r m e i d u n g j e d e r Z e r s p l i t t e r u n g s e i n e r K r ä f t e und aller zu k e i n e r E n t s c h e i d u n g an der Grenze führenden kleinen Gefechten, seine Armee in einer **technisch vorbereiteten Stellung zu sammeln** und in derselben eine Schlacht anzunehmen. Dass dem thatsächlich so war, darüber sagt der Kriegsberichterstatter der „Kölnischen Zeitung" — der im Hauptquartiere jedenfalls eine hervorragende Stellung eingenommen, da derselbe sogar in Caribrod mit dem Bruder des Fürsten in einem Zimmer untergebracht war — Folgendes: „Der Plan der bulgarischen Befehlshaber ging nun naturgemäss dahin, den Feind möglichst lange, d. h. bis zum Eintreffen der sehnlichst erwarteten Verstärkungen aufzuhalten. Die ganze Hoffnung des bulgarischen Generalstabes ging dahin, den Feind zu einem Angriffe auf die Hauptstellung zu vermögen; man hatte die Ueberzeugung, dass er diese nicht durchbrechen könne, und man berechnete, dass er durch solche fruchtlose Angriffe einige Tage verlieren werde". — Entschied jedoch in dem zu gewärtigenden Hauptschlage die Kriegsgöttin gegen die Bulgaren, dann allerdings war das Schicksal Sofia's besiegelt. Der bulgarischen Armee erübrigte nur eine Aufstellung nordöstlich in Etropol-Balkan. Durch dieselbe wäre jede gegen Nord-Bulgarien operierende serbische Armee in der rechten Flanke bedroht und die bei Sofia stehende Armee festgehalten worden. Einen Angriff auf den Balkan konnte die serbische Armee nicht so leicht unternehmen, weil sie hiezu zu einer Frontveränderung gezwungen worden wäre und dadurch den von Rumelien heranmarschirenden Kräften Gelegenheit zu einem Angriffe auf ihre rechte Flanke, ja selbst den Rücken gegeben haben würde. Eine Forcierung des Balkan wäre daher erst nach Niederwerfung dieser Kräfte möglich gewesen.

Das **erste** Operationsziel der bulgarischen Armee war demnach: Die Niederwerfung der feindlichen Hauptarmee.

Prüft man nun diese Operationspläne an der Hand der Theorie, d. h. vergleicht man dieselben mit jenen Anforderungen, welche die Wissenschaft an einen Operationsplan stellt, so zeigt sich:

I. Stärke-Verhältnisse der beiderseitigen Armeen.

Aus dem politischen Grundfehler des serbischen Operationsplanes folgen alle anderen Fehler desselben sozusagen: von selbst. Serbien hatte nur sein erstes Aufgebot, die „active Armee" und einen geringen Theil des zweiten Aufgebotes für die Durchführung seines Kriegsplanes mobilisiert. Es wollte keinen Krieg mit weitgehendem Ziele führen, es strebte nicht die Vernichtung des Gegners an; seine Absicht war ein Krieg mit beschränktem Ziele: Herstellung des status quo ante oder aber Erwerbung des Vidiner- und Trner-Kreises. Dass hiebei jedoch auch der Gegner etwas mitzureden hatte, dazu wäre es wahrlich nicht nöthig gewesen zu mobilisieren, Millionen hinauszuwerfen und mit blutigem Kopfe „heimgeschickt" zu werden. Diese Lehre hätte Serbien aus den ewig denkwürdigen Kämpfen des Jahres 1870/71 und aus dem „Fiasco" Russlands 1877 weit billiger ziehen können. In ersteren versuchte auch Napoleon III. nur einen Krieg mit „beschränktem Ziele" (Erwerbung des linken Rheinufers, Erhaltung der Dynastie) zu führen — in letzterem wollte der Czar anfänglich mit nur 6 Armee-Corps die Türkei niederwerfen, war aber schliesslich gezwungen, fast seine ganze Armee zu mobilisieren und ausserdem noch die zu Beginne des Krieges fast verächtlich behandelten Rumänen um ihre Unterstützung zu bitten. Diese Beispiele der allerjüngsten Kriegsepochen hatten doch zur Genüge gezeigt, wohin eine Unterschätzung des Gegners führt.

Das serbische Ober-Commando hat allerdings post festum selbst zugegeben: „dass mit zu wenig Kräften in's Feld gerückt wurde, dass, wenn gleich vom Anfange an die ganze Kraft aufgeboten worden wäre, demselben wohl alle Niederlagen erspart geblieben wären". Ganz eigenthümliche Gedanken aber befallen dem Leser bei den Worten: „Wir haben geglaubt, es mit den Streitkräften Bulgarien's allein zu thun zu haben; wie hätte man auch denken sollen, dass der Gegner fremde Truppen gegen uns in's Feld führen werde! Die Truppen Ostrumelien's sind doch Streitkräfte der Türkei ...."*)

Es wurde bereits erwähnt (siehe Seite 2) dass Fürst Alexander schon am 23. September die anbefohlene Mobilmachung der bulgarischen Armee und ostrumelischen Miliz auf alle Aufgebote ausdehnte; bereits am 26. Oktober wusste alle Welt, dass die letzten bulgarischen Regimenter von Köstendil nach Norden berufen worden waren, um das Lager bei Slivnica mit den nöthigsten Truppen versehen zu können; dass jeden Tag aus Rumelien frische Truppen in Sofia eintrafen, welche sofort gegen die serbische Grenze weiter befördert wurden, und die serbische Heeresleitung — hiebei wohl am meisten interessirt — sollte allein nichts davon gewusst haben!? Wie endlich konnte man im serbischen Hauptquartiere bei der vom Fürsten Alexander bereits gezeigten Energie auch nur einen Moment darüber in Zweifel sein, dass derselbe die ostrumelische Miliz gleichfalls gegen Serbien aufbieten würde!? Warum also — da die Verhältnisse doch vollkommen klar lagen — hat Serbien nicht seine ganze Macht von allem Anfange her mobilisiert und mit dieser Uebermacht die Offensive ergriffen, um so mit einem kräftigen Schlage den Feind niederzuwerfen!? Geschah dies aus Ersparungsrücksichten, dann waren diese gewiss schlecht angebracht, weil gerade das Gegentheil von Ersparung erzielt wurde

---

*) Armeeblatt Nr. 5 vom 2. Februar 1886: „Kritische Rückblicke auf die serbische Kriegführung" von Kriegsberichterstatter J. Lukeš.

Wie konnte nach all' dem Serbien es wagen mit einer Macht von kaum 45.000 Combattanten auf 3 von einander räumlich getrennten Linien eine Invasion in Feindesland zu einem Zeitpunkte (Mitte November) zu unternehmen, zu welchen der Gegner bereits 80.000 Combattanten, allerdings noch nicht vereinigt, aber bereits — Direction Sofia — in der Concentrierung begriffen auf den Beinen hatte!? Dass die Stärke der bulgarisch-ostrumelischen Armee thatsächlich jene Höhe erreicht hatte, hiefür liefert den besten Beweis ein um die Jahreswende von der gesammten Tagespresse veröffentlichtes Schreiben *), das Fürst Alexander an den Czar gerichtet haben soll; in denselben war zu lesen: „Der gegenwärtige Stand des bul-„garischen Heeres beträgt 80.000 Mann, nicht eingerechnet das „Vidiner-Corps in der Stärke von 15.000 Mann."

2. Vorbereitungen für den Krieg.

Zum Staunen der militärischen Welt haben die Thatsachen gezeigt, dass Serbien denselben nicht jene Sorgfalt gewidmet hatte, wie man es von diesem Staate voraussetzen musste. Selbst abgesehen von den vielen Mängeln, welche im Verlaufe der Mobilisierung zu Tage traten, haben die Ereignisse constatiert, dass Serbien für einen Feldzug überhaupt nicht gerüstet war, geschweige denn erst für einen Winterfeldzug. Um die Invasion in ein fremdes Land zu tragen, zumal in ein mit wenig Communicationen versehenes, dünnbevölkertes, resourcenarmes Gebirgsland, wo nicht der Krieg den Krieg ernährt, sondern die Bedeckung aller Erfordernisse aus dem eigenen Lande mit einem wohlorganisierten Train nachgeschoben werden müssen, dazu gehören allerdings andere Vorbereitungen, als Serbien hiefür getroffen hatte. Fügt man all' dem das Cardinal-Verbrechen der serbischen Kriegsvorbereitung — nicht genug oft kann dies wiederholt werden — den Munitionsmangel hinzu, erwägt man — auch dies wurde schon betont — dass einzelne Divisionen der Nišava-Armee schon am 5. Operationstage (18 November) fast ohne Munition waren, so muss man eigentlich über die Kühnheit staunen, mit der der serbische Kriegsminister vor der Mit- und Nachwelt die Verantwortung für diesen Kampf auf seine Schultern lud.

Lassen bulgarischerseits die Vorbereitungen für den Krieg allerdings auch Vieles zu wünschen übrig, so muss doch betont werden, dass — den Aeusserungen des mehrgenannten bulgarischen Ex-Kriegsministers Fürsten Cantacuzene zu folge — die bulgarische Armee am 6. Tage, nachdem die Mobilisierungsordre erlassen war,

---

*) Ob dieses Schreiben wirklich verfasst und abgesendet wurde, kann wohl nicht mit Bestimmtheit angegeben werden.

also am 25. September, bereit stand, in's Feld zu rücken und am 13. Tage, also am 2. October, die gesammte bulgarische Streitmacht sich bereits im Marsche befand. Wenn auch die materiellen Vorbereitungen für einen Feldzug, namentlich einen Winterfeldzug, recht missliche waren, so sprach andererseits zu Gunsten der Bulgaren, dass dieselben auf die Vertheidigung des eigenen Landes verwiesen waren und in der Nähe ihrer Operationsbasis: Sofia, sich befanden; ein Umstand, der ihrem Nachschubswesen wesentlich zu Statten kam.

Nicht unerwähnt endlich darf gelassen werden, dass die bulgarische Heeresleitung die Befestigungen von Slivnica schon Mitte August des Jahres 1885 (siehe Seite 3) in Angriff nehmen liess.

3. Geographische Verhältnisse.

Die Würdigung derselben war — wiewohl sie einem rothen Faden gleich alle serbischen Unternehmungen durchzog — zweifelsohne keine entsprechende, denn sonst wäre eine Verzettelung der Armee längs der ganzen Grenze und das Ergreifen der Offensive auf allen Linien unmöglich gewesen. (Mehr hierüber siehe Punkt 4.)

Die Versammlung fast der gesammten bulgarisch-ostrumelischen Armee in dem entscheidenden Raume, auf der Schwerlinie des Reiches (Slivnica-Sofia) zeigt, welch' hohen Werth Fürst Alexander dem geographischen Elemente beilegte. Dieser Theil, unstreitig der vortheilhafteste für die Vertheidigung des bulgarischen Gebietes, bietet andererseits auch offensiven Operationen nach Serbien die meisten Chancen.

4. Strategischer Aufmarsch.

Bei dem ersten Aufmarsche einer Armee kommen allerdings neben den militärischen vielfache politische und geographische Erwägungen in Betracht. Fehler in der ursprünglichen Versammlung des Heeres sind im ganzen Verlaufe des Feldzuges kaum wieder gut zu machen. Alle diese Anordnungen aber lassen sich lange vorher erwägen und — die Kriegsbereitschaft der Truppen, die zweckentsprechende Organisation des Transportswesens vorausgesetzt — müssen sie zu dem beabsichtigten Resultate führen.

In wieweit entsprach nun der strategische Aufmarsch diesen theoretischen Hauptanforderungen?

Serben.

Die Ländermassen Serbien's und Bulgarien's standen vermittelst einer 290 *km* langen Grenze im Contacte; nördlich und südlich dieser Begrenzungslinie legten neutrale Staaten (Rumänien, Türkei) der

Taf. I. II. III.

kriegerischen Action Schranken. Sieht man von der etwa 45 *km* langen Strecke im Norden ab, wo der Timok beide Staaten von einander trennt, so präsentiert sich der 245 *km* lange Rest der Grenzlinie als eine trockene Grenze, die, mit Ausnahme des gegen den Hodza-Balkan vorspringenden rechten Winkels, fast in gerader Linie von Norden nach Süden zieht.

In dieser ganzen Linie bewirkte die serbische Armee ihren strategischen Aufmarsch, u. z. in 3 Gruppen:

Taf. I. III. *a.* **Nordgruppe**; das Timok-Corps, unter dem Commando des Generals Sješanin (Generalstabs-Chef Oberst Miletić), circa 10.000 Mann Streitbare. Dasselbe vollzog seinen Aufmarsch im Timok-Thale, ostwärts von Zaječar, u. z. mit dem **Centrum** der 5. (Timok-) Division, 8 Bataillonen, 3 Escadronen und 2 Batterien, unter dem Befehle des Artillerie-Obersten Djuknić, in Cantonnements von Vražogrnac bis M. Izvor, mit starken Vortruppen auf Izvor und Vrška Čuka — mit dem unter dem Befehle des Oberstlieutenants Dinić stehenden **linken Flügel**, 4 Bataillone stark, im unteren Timok-Thale zwischen Negotin und Bregova — mit dem vom Oberstlieutenant Putnik befehligten **rechten Flügel**, 3 Bataillone, 1 Gebirgs-Batterie, bei Kadibogas, also in einer Frontausdehnung von 80 *km* oder 4 Tagmärschen. Der rechte Flügel hatte überdies den Sv. Nikolaja-Pass, welcher noch einen Tagmarsch weiter südwärts liegt, zu besetzen oder zu beobachten.

Taf. I. II. *b.* **Mittelgruppe**; diese aus 3 Divisionen (2. [Drina-], 3. [Donau-], 4 [Šumadya-] Division) und der Cavallerie-Brigade Oberst Praporcetovic bestehende, unter dem Oberbefehle des Königs Milan stehende **Hauptarmee** mochte ungefähr 27.000 Combattanten gezählt haben. Sie bewirkte ihren Aufmarsch im Nišava-Thale südlich von Pirot und hatte gegen Osten auf den in der Richtung des Ginci-Passes führenden Communicationen Detachements bis zur Ortschaft Ržane als dem äussersten linken Flügel und auf die Tepoš-Höhe, dann Vortruppen entlang der gegen Südwest laufenden Grenze bis zur Sukova vorgeschoben Die Ausdehnung dieser Gruppe betrug somit 30 *km*, sie war demnach in der Lage, ihre Kräfte binnen 1 Tagemarsch zu concentriren.

Taf. I. II. *c.* **Südgruppe**; die 1. (Morava-) Division unter dem Commando des Generalstabs-Obersten Topalevics, circa 8.000 Combattanten Diese Division gehörte eigentlich zur Nišava-Armee; nachdem dieselbe aber thatsächlich von ihr getrennt war und sich erst am Rückzuge bei Pirot wieder mit der Hauptarmee vereinigte, muss sie als selbstständige Gruppe behandelt werden. Sie bewirkte ihren Auf-

marsch vom Morava-Thale gegen Osten, hatte ihre Vortruppen zwischen
Daščani kladenac und Vlasina. Dieselbe war von der Mittelgruppe
circa 40 *km* — also 2 Tagmärsche — entfernt und hatte selbst
wieder eine Ausdehnung (Daščani-kladenac-Vlasina gleich 34 *km*),
dass ihre einzelnen Theile mit Rücksicht auf das Terrain taktisch
nicht in der Lage waren, im Verlaufe eines Tages in Verbindung
zu treten.

Wenn auch zugegeben werden muss, dass die Territorial-Ein-
theilung des Landes und die Lage der einzelnen Divisionsbezirke zur
bulgarischen Grenze diesen Aufmarsch der Armee begünstigte, da
die beiden Flügel-Divisionen innerhalb ihrer Ersatzbezirke und die
3 Divisionen der Hauptarmee an der Strasse und in der Reihenfolge
standen, in welcher sie im Aufmarschraume eingetroffen waren, so
muss andererseits hervorgehoben werden, dass die kaum 45.000 Combattanten zählende serbische Armee in einer Ausdehnung von nahezu
260 *km*, also — wenn man selbst das die Verbindung unendlich
hemmende Terrain nicht in Betracht zieht — mindestens 12 bis
13 Tagmärsche auseinandergezogen war. Dass diese **Verzettelung
der einzelnen Divisionen, welche eher auf eine
cordonmässige Besetzung der Grenze**, als auf das Ergreifen einer energischen Offensive hindeutet, dem serbischen Ober-
Commando zum **grossen Fehler** angerechnet werden muss, bedarf
keines weiteren Beweises. Der Grund zu diesem fehlerhaften strategischen Aufmarsche, der naturgemäss schon den Keim der taktischen
Niederlagen enthielt, lag — wie bereits erwähnt — in dem **fehlerhaften Operationsziele**, das bekanntermassen in **erster
Linie in der Besetzung der Kreise Vidin und Trn** bestand, und
erst in zweiter Linie die **Niederwerfung der feindlichen Armee** in Aussicht genommen hatte, statt gerade den
umgekehrten Weg zu wählen, also das **wichtigste Operationsziel: die feindliche Armee zuerst mit vereinter
Kraft zu zersprengen**, wodurch die zur Annection in Aussicht
genommenen Bezirke den Serben von selbst in die Hände gefallen
wären.

Ob die Detachirung einer **ganzen** Division am Timok be-
rechtigt war, oder nicht, soll dahingestellt bleiben; zweifelsohne
lassen sich viele Gründe **dafür** und **dagegen** anführen. Jedenfalls aber war das **Ergreifen der Offensive** seitens dieser Division
ein **Fehler**, und für eine **defensive** Aufgabe hätten weniger
Kräfte genügt.

In gleicher Weise war es ein **grober Fehler**, zur Deckung der rechten Flanke der Armee den **vierten Theil** derselben, und noch dazu derart zu entsenden, dass man — abgesehen von sanguinischen Hoffnungen — bei nur einiger Berücksichtigung der Communicationen, des Terrains und der Jahreszeit, auf die Mitwirkung dieses Theiles zum Hauptschlag schon von Haus aus verzichten musste. Was in alle Welt — so muss man fragen — berechtigte den serbischen Generalstabs-Chef General Petrovich und den Vorstand der Operations-Kanzlei Oberstlieutenant Athanaskovich dazu, die bulgarisch-ostrumelische Armee so en bagatelle zu behandeln, gleich am ersten Operationstage (den 14. November) auch noch die 4. (Šumadija-) Division in die rechte Flanke zu entsenden!? Schlecht genug, dass schon **eine** (die Morava-) Division auf „Niemehrwiedersehen" ausgespielt war; nun musste in dieselbe Richtung auch noch eine **zweite** Division rücken. Das serbische Ober-Commando hatte somit **drei Fünftel** seiner ganzen Armee bereits aus der Hand gegeben, bevor überhaupt noch ein Schuss gefallen war; mit **zwei Fünftel** — also kaum 17- bis 18.000 Combattanten — hoffte es die bulgarische Armee vor Sofia zu vernichten! „Getrennt marschiren", — „den Gegner durch Umfassungen aus seiner Stellung hinauszumanövriren", lehrt allerdings die moderne Strategie, aber sie lehrt auch: „vereint schlagen", — sie lehrt: „dass bei Umfassungen die Frontgruppe so stark sein muss, dass sie eventuell auch einem Anpralle des Feindes **allein** so lange Stand zu halten vermag, bis die Umfassung wirksam wird", — sie lehrt endlich, und dies schon auf der ersten Seite: „**dass im Kriege nur das Einfache möglich und durchführbar ist, alles Gekünstelte aber sicher zum Verderben führt.**"

Die serbischen Divisionen waren klein, 3 selbst alle 4 Divisionen, mit einem Worte: die ganze Nišava-Armee, kaum 35.000 Combattanten zählend, konnte mit dem Gefechts-Train auf der Haupt-Operationslinie marschiren. Es wäre dies gewiss nichts Besonderes gewesen. Werden doch die grossen europäischen Armeen in jedem Kriege gezwungen sein, 1 bis 2 Armee-Corps (2 bis 6 Divisionen) also 30 bis 90.000 Mann auf einer Linie marschiren zu lassen.

Wie, wenn am 17. **November** vor Slivnica statt 1 Division 4 Divisionen gestanden, oder — was noch richtiger gewesen wäre — schon am **Mittag des 16. November** einen Angriff unternommen hätten?

Die serbische Heeresleitung kann für ihren strategischen Aufmarsch nicht einmal das Moment der „**Täuschung**", das dem

Feinde zu verschiedenen Combinationen, respective Befürchtungen Anlass geben soll, in Arspruch nehmen, weil im vorliegenden Falle im bulgarischen Hauptquartiere — bei den gründlichen Informationen, welches dasselbe hatte — kein Zweifel darüber obwalten konnte, in welcher Richtung die serbische Offensive stattfinden dürfte.

Wollte endlich das serbische Ober-Commando durchaus umfassen, so entsteht die Frage, ob die verhältnissmässig ressourcenreichste, mit den meisten Ortschaften versehene nördliche Neben-Operationslinie Pirot-Stanjalci-Pečenobrdohan-Sofia nicht der südlichen vorzuziehen gewesen wäre. Eine auf dieser guten Marschlinie durchgeführte **einfache strategische Umgehung des bulgarischen rechten Flügels** würde — bei gleichzeitiger Besetzung des Ginci-Passes, wodurch weder Verstärkungen von Lom Palanka nach Berkovica, noch Cooperationen mit den im Vidiner-Kreise stehenden Streitkräften möglich gewesen wären, — immerhin eher zum Ziele geführt haben. Wahrscheinlicherweise aber hätte Fürst Alexander auch das Debouchiren dieser Colonne — etwa in der Gegend bei Čaikovce — zu verhindern gewusst.

Aehnliche Gedanken scheinen nun das serbische Ober-Commando allerdings nicht beschäftigt zu haben, denn sonst hätte die Offensive der serbischen Armee nicht ein so klägliches Ende nehmen können.

Betrachtet man nun die Verhältnisse der serbischen Armee, wie sie thatsächlich waren, erwägt man die verzweiflungsvolle strategische Situation der Bulgaren und Ostrumelier um den 20. Oktober — einem Zeitpunkte, an welchem die serbische Armee bereits operationsfähig war — dann entsteht allerdings die Frage: Wer hätte Serbien, wenn es seinen ersten Impulsen gefolgt und auch gleich vormarschiert wäre, in einem Momente, wo fast die ganze bulgarisch-ostrumelische Streitmacht an der rumelisch-türkischen Grenze versammelt war, den **Einzug in Sofia** verwehren können?; wenn nicht — wie bekannt — die europäische Diplomatie dem zum **Losschlagen bereiten Serbien in den Arm gefallen** und dasselbe auf die Verhandlungen der Constantinopeler Conferenz verwiesen hätte. Serbien hatte somit den **günstigsten Moment versäumt**; ein ganzer Monat war vergangen, innerhalb welchem die serbische Armee „Gewehr bei Fuss" zur Unthätigkeit verurtheilt war. Innerhalb dieses Monates hatte sich aber auch die strategische Situation bei der bulgarisch-ostrumelischen Armee wesentlich geändert. In welcher Weise mussten nun die Serben vorgehen, um Sofia zu erreichen, bevor die bulgarisch-ostrumelische Armee sich denselben an irgend einem entscheidenden Punkte an der Defilée-Strasse Caribrod-Slivnica — dass die Bulgaren in der Ebene von Sofia der serbischen Ueberlegenheit sich preisgeben würden, durfte wohl nicht angenommen werden — entgegen stellen konnte?

Taf. I. II.   Es bedarf keines Beweises, dass der bewegliche, also der Manövrir- und Angriffskrieg, somit das Offensivfeld in den südlichen Raum (Haupt-Operationslinie Pirot-Sofia), zu verlegen war. Da aber auf ein rechtzeitiges Eintreffen der seitwärts der Haupt-Operationslinie im Gebirge verwickelten Divisionen nicht mit Sicherheit gerechnet werden konnte, man schliesslich auch nicht wusste, an welchem Punkte die Entscheidung eintreten würde, so musste auf der Haupt-Operationslinie auch die Hauptkraft, daher 4 und nicht 2 Divisionen vorrücken, was — wie bereits erwähnt — auch im marschtechnischen Sinne keine Schwierigkeiten gehabt hätte. Dementsprechend hatte die Hauptarmee — 4 Divisionen stark — ihren strategischen Aufmarsch im Thale der Nišava bei und südlich von Pirot zu bewerkstelligen.

Die Deckung der beiden Flanken war wichtig; deshalb musste nach Bresnik 1 Regiment (4 Bataillone), leicht ausgerüstet, mit einer halben Escadron Cavallerie, Gebirgs-Artillerie und Gebirgs-Train, detachirt werden. Dieses Detachement konnte seinen Aufmarsch im Thale der Mala r. (Seitenthal der Vlasina) etwa bei Gradska, Kaona und Preslop bewirken und über Miroslavci, Glavanovci, Turekovci, Trn nach Bresnik vorrücken. Bresnik selbst war wichtig, weil man von dort aus die von Sofia, von Samakov, von Dubnica und von Köstendil kommenden Strassen leicht beherrschte, dadurch die südliche Flanke verlässlich deckte und sich selbst die volle Bewegungsfreiheit nach jeder Richtung sicherte. Desgleichen mussten nach dem Ginci-Passe etwa 2 Bataillone, gleichfalls mit Gebirgs-Artillerie, Gebirgs-Train und etwas Cavallerie detachirt werden, weil durch die Besetzung dieses Passes etwaigen Zuzügen am besten vorzubeugen gewesen wäre. Dieses Detachement konnte auf dem Tepoš-Berge aufmarschieren und hatte — bei Berücksichtigung des Weges Slavinje-Krivodol-Komaštica — über Protopopnica-Stanjalci-Komaštica gegen den Ginci-Pass vorzurücken.

Die Cavallerie-Brigade Proporcetovic endlich, vielleicht unter Beigabe eines Bataillons und reitender Artillerie wäre — wollte man das Gros der Reiterei schon nicht an die Queue der Haupt-Colonne anschliessen und für die voraussichtliche Action in der Ebene von Sofia reserviren, — von Haus aus über Belogradčik nach Berkovica zu disponiren gewesen, auf welcher Marschlinie sie als Verbindungsglied mit den Kräften am unteren Timok gedient, den ganzen Raum zwischen Timok, Lom, und dem obersten Theile des Ogost beherrscht hätte und schliesslich durch den Ginci-Pass, welchen die linke Seitencolonne der Hauptarmee festhielt, in die Ebene von Sofia gezogen werden konnte. Dieser Aufgabe entsprechend, hatte die Cavallerie-Brigade ihren Aufmarsch im Thale des Trgoviski-Timok etwa zwischen Jalovik-Izvor und Balta-Berilovci zu bewerkstelligen.

Was den Raum am unteren Timok betrifft, so ist derselbe so gross und wichtig, dass ihn ohne Schwertstreich dem Feinde überlassen, diesem doch übergrosse Vortheile zuwenden geheissen hätte, und dies umsomehr, wenn man bedenkt, dass durch denselben die kürzeste Linie auf Belgrad zieht. Hiezu aber hätte eine halbe Division, also etwa 6 Bataillone, vielleicht durch 2 Bataillone des 2. Aufgebotes verstärkt, unter Beigabe der gesammten Artillerie einer Division und einiger Escadronen genügt. In diesen Raum war somit das **Defensivfeld des Kriegsschauplatzes** zu verlegen. Das Benehmen dieser verstärkten Brigade, sollte sie ihrer Aufgabe gerecht werden, wäre allerdings kein leichtes gewesen; häufiger Wechsel der Stellungen, fortwährende forcierte Hin- und Hermärsche längs des Timok, plötzliches Erscheinen und Wiederverschwinden auf den verschiedensten Punkten etc., wären hiezu nöthig gewesen.

Die Vertheilung der Streitkräfte in der eben angedeuteten Weise, wäre nicht nur e i n f a c h, sondern, was noch weit mehr gilt, auch s i c h e r gewesen. Vier Divisionen am 16. November zum Angriffe angesetzt, hätten einen Widerstand der Bulgaren bei Slivnica gar nicht aufkommen lassen; ja man kann selbst heute noch, wiewohl die Thatsachen gerade das Gegentheil gezeigt haben, behaupten, dass die bulgarische Armee zersprengt worden wäre.

Bulgaren.

Als Herr Rhangabe in der Nacht vom 13. zum 14. November in Sofia die serbische Kriegserklärung übergab, standen bekanntermassen mehr als die Hälfte der bulgarischen Truppen in Ostrumelien. Die Vertheilung derselben war folgende:

I. **Front gegen die Türkei:**

a. Bei Philippopel und längs der Eisenbahn nach Adrianopel bis zur türkischen Grenze; die ostrumelische Miliz und 1 Division bulgarischer Truppen, zumeist aus den östlichen Bezirken stammend; im Ganzen etwa 25.000 Combattanten, unter dem Commando des Obersten Nikolajew. [Taf. I.]

        b. Bei Jamboli: circa 10.000 Combattanten unter dem Befehle des Oberstlieutenants Filow.

        c. Bei Aidos: etwa 3.000 Combattanten.

II. Front gegen Serbien:

Taf. I.   Entsprechend dem serbischen Aufmarsche, haben auch die Bulgaren im grossen Ganzen sich in 3 Gruppen aufgestellt u. zw.:

Taf. I. III.   *a.* Bei Vidin: 5 Bataillone Infanterie mit 4.000 Freiwilligen, 1 Escadron und 5 Batterien — etwa 7.000 Combattanten unter dem Befehle des Hauptmannes Usunoff. Diese Gruppe hatte ihre Vortruppen über Adlijé gegen Zaječar vorgeschoben. Selbstständige Detachements standen bei Salaš in der linken, bei Bregova in der rechten Flanke.

Taf. I. II.   *b.* Bei Slivnica: 1 Division Infanterie, 2 Escadronen und 6 Batterien, meist aus Truppen der westlichen Bezirke zusammengezogen, — etwa 10.000 Combattanten, — anfänglich unter dem Commando des Hauptmannes Gutschew; dieselbe hatte ihre Vortruppen, 2 Bataillone, 2 Escadronen und 2 Batterien, über den Dragoman-Pass bis Caribrod, 1½ Bataillone und 1 Batterie auf Côte 440 zwischen Peterlas und Odorovci, 1 Bataillon endlich nach Slavinje vorgeschoben.

Taf. I. II..   *c.* Bei Trn: 2 Bataillone Infanterie mit 1500 Freiwilligen, 2 Escadronen und 3 Batterien — etwa 3000 Combattanten — unter dem Befehle des Hauptmannes Philipow mit vorgeschobenen kleinen Abtheilungen bis an die serbische Grenze.

    Fürst Alexander mit dem Hauptquartier war in Philippopel.

    Schon dieser, gegen Serbien mit noch untergeordneten Kräften bewirkte Aufmarsch der Bulgaren, lässt die Absicht des Fürsten Alexander **klar** und **deutlich** erkennen, dass derselbe weit entfernt von allen künstlichen Combinationen bestrebt war, seine Hauptkraft nordwestlich Sofia, also auf der wichtigsten Linie (Caribrod-Sofia) zusammenzuziehen, und dies umsomehr, als er ja auf dieser Linie die ganze Armee seines Gegners, wenigstens aber 3 bis 4 Divisionen vermuthen musste; dass er sie daselbst **nicht** antraf, muss auf das „Glücksconto" gesetzt werden, das im Kriege so oft eine grosse Rolle spielt.

    Allerdings konnte auch der Fürst den Vidiner- und Trner-Kreis nicht **ganz** unberücksichtigt lassen, u. zw. schon aus dem Umstande, weil dem Kundschafts-Bureau des Hauptquartiers, welches sehr gut functionirte, die Ansammlung serbischer Streitkräfte in

Zaječar und auf dem Vlasina-Plateau jedenfalls bekannt war. Welch' geringen Werth das bulgarische Ober-Commando aber dessenungeachtet diesen Theilen des Kriegsschauplatzes beigelegt hatte, geht schon daraus hervor, dass es auf dieselben vorzüglich die „Freiwilligen-Bataillone", sowie die 4 Kreis-Commanden Nationalmiliz (Landsturm) des Vidiner-, Belogradčiker-, Caribroder-, endlich des Trner-Kreises dirigierte und ihnen nur als „Kern" reguläre Truppen zuwies. Vidin endlich, wenn auch eine Festung alten Systemes, musste immerhin seine Besatzung erhalten; zum Schutze derselben von der Donauseite war überdies die bulgarische Flotille bestimmt.

Angesichts der serbischen Kriegserklärung, die dem Fürsten Alexander am Mittage des 14. November zugekommen war, verliess derselbe mit seinem Hauptquartiere Philippopel. Gleichzeitig hatte er alle in Ostrumelien versammelten Truppen, auch die an der türkischen Grenze stehenden, nach Sofia in Marsch gesetzt. Die freilich wenig leistungsfähige Eisenbahn bis Jenihan sollte dabei nach Möglichkeit mitbenützt werden.

Am 15. November vormittags war der Fürst, nachdem er die vorangegangene Nacht in Ichtiman zugebracht hatte, in Sofia eingetroffen.

Von Sofia bis Jenihan-Saranbeg waren circa 90 km, bis Philippopel 140 km zurückzulegen; dem Fürsten standen hiezu zwei Strassen, jene über Ichtiman und Samakov zur Verfügung. Der erste Staffel der Verstärkungen konnte somit im günstigsten Falle erst am 17. November in Sofia eintreffen. Mehrere Tage mussten also noch vergehen, bis die Vereinigung der bulgarisch-ostrumelischen Armee vollendet war, und ausserordentliche Tagesleistungen seitens der marschierenden Truppen waren erforderlich, sollte der letzte Staffel derselben etwa am 20. November in Sofia eintreffen. So lange musste also vorwärts Sofia den Serben Widerstand geleistet werden.

Ueber alles Lob erhaben und wahrhaft bewunderungswürdig waren die Marschleistungen der bulgarischen Truppen zur Concentrierung bei Sofia gewesen. So hatte beispielsweise das Primorsky-Polk (Seeregiment aus der Gegend von Varna) in 32 Stunden 95 km bei schlechtesten Wetter zurückgelegt und dabei noch den Ichtiman-Pass überschritten. Während dieses Riesenmarsches hatte das 4.500 Mann starke Regiment nur 62 Nachzügler, was gewiss sehr wenig ist. Die Truppe hatte auf diesem Marsche ihr gesammtes Gepäck zurückgelassen und führte nur Gewehre und Munition mit sich. Wie sehr überhaupt „das Feuer auf den Fingern brannte", wie sehr es dem Fürsten darum zu thun war, auf einem, — allerdings dem

Hauptpunkte, — mit relativer Ueberlegenheit aufzutreten, beweist am besten Folgendes: In den ersten Tagen der Kämpfe um Slivnica, waren in Sofia Truppen derart erschöpft angekommen, dass sie absolut nicht einen Schritt mehr weiter konnten, man musste sie aber in Slivnica haben. Der Entschluss war rasch gefasst, man setzte die Leute auf die Pferde eines in Sofia in der Bildung begriffenen Cavallerie-Regimentes und beförderte sie — je 2 Mann auf einem Pferde — auf diese Weise mit äusserster Schnelligkeit bis in die Feuerlinie; ein Versuch, der übrigens nur in einem Lande gelingen kann, wo, wie in Bulgarien, jedermann von Kindesbeinen an ein Reiter ist.

Ohne zu untersuchen, ob Fürst Alexander nicht etwa aus der „Noth eine Tugend" machte, Thatsache ist es, dass dem natürlichen, einfachen, dafür aber auch sicheren Operationsplane, d. i.: den vorrückenden Gegner durch kleine Rückzugsgefechte in den zahlreichen, vorwärts Sofia gelegenen Defiléen aufzuhalten, unterdessen die ganze bulgarisch-ostrumelische Armee in einer festen Stellung zu vereinigen, in derselben den Angriff des Gegners abzuwarten, eventuell aus derselben selbst zur Offensive überzugehen, auch ein richtiger, weil natürlicher, strategischer Aufmarsch entsprach. Zu schwach, um den Serben überall entgegentreten zu können, musste logischer Weise des Fürsten Streben dahin gerichtet sein, mit numerisch überlegener Kraft wenigstens auf der Hauptlinie über die Serben herzufallen und sie zu schlagen, eingedenk eines der wichtigsten Grundsätze der Strategie: „dass die feindliche Hauptmacht das erste, das wichtigste Operations-Object sei." Und wahrlich, die Serben haben es durch ihre Zersplitterung den Bulgaren leicht gemacht, diesen Grundsatz zu befolgen. „Mit Kunst", — so sagte ein Artikel des „Pester Lloyd", — „hat Serbien diesen Feldzug verloren".

5. Operationsbasis.

Taf. I. Im serbischen Operationsplane bildete die Morava in ihrem mittleren und oberen Laufe die Basis. Sie weist günstige Verhältnisse zum Vormarsche und zu den Verbindungen mit dem Inneren des Landes auf. Für ihre Sicherung war allerdings nichts geschehen, dagegen konnte die Ansammlung der Armee in derselben — bei Zuhilfenahme der Eisenbahn Belgrad-Niš-Vranja — mit einer, immerhin nicht zu unterschätzenden grösseren Schnelligkeit erfolgen. Beide Flanken sind durch neutrale Staaten geschützt; im Centrum liegt Niš als vorzüglicher Stützpunkt, doch mangelte es auch hier an einer technischen Verstärkung. Die Rocade-Verhältnisse sind, da zwei Strassen von Niš abwärts (auf beiden Seiten der Morava) eine von dieser Stadt aufwärts, überdies die Eisenbahn Belgrad-Niš-Vranja im Thale führen, sehr günstig. Die Haupt-Operationslinie liegt allerdings mehr auf dem rechten Flügel, auch geht sie aus der Basis mehr unter einem spitzen Winkel (gegen die rechte Flanke) nach vorwärts, was als ein Nachtheil bezeichnet werden muss.

Der Isker mit der Hauptstadt Sofia bildete die **Basis** der **Bulgaren**; im Norden und Süden gleichfalls durch neutrale Staaten gedeckt. Zum Ergreifen der Offensive wie zum Ansammeln der Armee im Basisraume bei Sofia, stehen mehrere Communicationen zur Verfügung. Die Lage der Operationsrichtung muss als günstig bezeichnet werden, da die Operationslinie aus der Mitte der Basis senkrecht nach vorwärts führt.

6. Operationslinien.

Taf. I. II. III.

Um dieselben würdigen zu können, ist es nothwendig, nochmals zu betonen, das die Grenzen zwischen Serbien und Bulgarien sich in einer Ausdehnung von 290 km berührten; nördlich und südlich davon waren neutrale Staaten.

Es standen somit den **Serben** als Operationsrichtungen zur Verfügung:

a) Auf Nord-Bulgarien (Gebiet zwischen Donau und Balkan).
b) Auf Sofia.

Im Falle ad *a)* konnten benützt werden:
1. Die Linie Paračin-Zaječar-Vidin.
2. Aleksinac - Knjaževac - Belogradčik - Lom Palanka (oder Berkovica).

Im Falle ad *b)* ergaben sich die Linien:
α. Niš-Pirot-Krapac-Stanjalci-Pečenobrdo han-Čaikovce-Sofia.
β. Niš-Pirot-Caribrod-Sofia.
χ. Aus dem Thale der Vlasina über Nalovci oder das Mala r. Thal, Daščani kladenac, Glavanovca über Trn-Bresnik-Pernik-Sofia.

Das Haupt-Operationsgebiet: Sofia konnte somit in zwei Hauptrichtungen (α, β, χ und eventuell 2.) erreicht werden.

Unter der Voraussetzung, dass die Armee bei Niš im Thale der Morava aufmarschierte, konnte der serbische Operationsplan nur eine Haupt-Operationslinie wählen, d. i. im Thale der Nišava über Pirot, Caribrod, Slivnica nach Sofia. Die wesentlichsten Vortheile dieser Operationslinie sind:

a) Sie ist die kürzeste (circa 85 km, also 4 Tagmärsche);

b) führt sie directe auf Sofia:

c) besitzt sie in den sub z und z genannten Communicationen. Neben-Operationslinien, die unter gewissen Voraussetzungen — namentlich jene sub α — für die Forcierung der Haupt-Operationslinie von grösserem Werthe werden konnten; endlich

d) ist sie die **besterhaltenste**, was im Hinblicke auf den nahenden Winter nicht **übersehen** werden durfte.

Als Nachtheil dieser Operationslinie muss hervorgehoben werden, dass dieselbe nur wenig Ortschaften aufzuweisen hat, ein Umstand, welcher dem Nachschubs- und Etapen-Dienste nicht zu statten kam.

Naturgemäss standen den **Bulgaren** dieselben Linien zu Gebote. Zieht man jedoch in Erwägung, dass bei Ausbruch des Krieges nahezu 2 Drittel der gesammten bulgarischen Armee in Ost-Rumelien stand, so resultiert daraus wohl von selbst, dass für das bulgarische Hauptquartier nur jene Linie von Wichtigkeit sein konnte, die die Hauptstadt zu decken vermochte. Wie die Verhältnisse beschaffen waren, konnte dies nur die Linie Sofia-Slivnica-Caribrod-Pirot sein.

7. Technische Verstärkung des Kriegsschauplatzes.

Taf. I. Diesen Anforderungen wird im **serbischen** Operationsplane nicht entsprochen und doch wäre es so nothwendig gewesen, einen **vertheidigungsfähigen Raum** zu schaffen, innerhalb welchem, beim Misslingen der Offensive, die Defensive durchgeführt werden konnte. Bei einer nur flüchtigen Betrachtung des Kriegsschauplatzes ergibt sich Niš mit Leskovac, Pirot, Knjaževac und Aleksinac als derjenige Raum, der wenigstens mit den Mitteln der Feldbefestigung zu einer **Gruppe** vereint, demnach in Vertheidigungsstand zu setzen gewesen wäre. An Zeit konnte es nicht gemangelt haben, weil ja vom Erlass des Mobilisierungs-Befehles bis zum Beginne der Operationen 8 Wochen verflossen waren. Was wäre wohl mit Niš geworden, wenn das Erscheinen des österr.-ungar. Gesandten Grafen Khevenhüller im bulgarischen Hauptquartiere nach den Kämpfen bei Pirot dem Kriege nicht ein Ende gemacht hätte?

Zaječar sollte zu einem befestigten Lager hergerichtet werden; ob es thatsächlich geschehen ist, konnte nicht mit Bestimmtheit erhoben werden.

Eigentliche, den modernen Anforderungen entsprechende Festungen besitzt Serbien nicht; weder Belgrad noch Niš könnten als solche bezeichnet werden.

Auch die **Bulgaren** besitzen keine modernen Festungen, allein sie haben es verstanden, sich die Feldbefestigung zu Nutze zu machen.

Zunächst wurden die alten Befestigungen von Sofia — etwa 4 km westlich dieser Stadt — ausgebessert, theilweise neue errichtet. Einen besonderen Ernst scheinen jedoch die Bulgaren diesen Befestigungen selbst nicht beigelegt zu haben, so dass es den Anschein hatte, als ob vor Sofia nur aus dem Grunde gearbeitet worden wäre, um das eigene Gewissen zu beruhigen.

Gleichzeitig, eigentlich schon im Monate August (siehe Seite 3) wurde die Befestigung von Slivnica — von den Türken Halkali genannt — von Ingenieuren in Angriff genommen. Slivnica ist als Schlüssel des ganzen Balkan-Plateau's und als das Thor der bulgarischen Hauptstadt anzusehen, und wurde dementsprechend auch technisch verstärkt.

In einer Frontausdehnung von 4 bis 5 km beiderseits der Chaussée mit Verschanzungen, Redouten und Batterien ausgestattet, wurde die schon von Natur aus sehr schwer zugängliche Stellung zu einer Art verschanztem Lager umgestaltet. Im Centrum beherrschten drei Hügel die Ebene auf eine Distanz von mehreren Kilometern; beide Flügel waren durch Redouten, welche die Aufstellung von je 12 schweren Geschützen gestatteten, verstärkt, der rechte überdies durch die sumpfige Niederung des Blato-Baches, der linke theilweise durch einige Hügel gestützt. Den grössten Theil der Front endlich deckte das breite Thal des nicht überall durchfuhrtbaren Slivnica-Baches. Allerdings hatte die Position von Slivnica auch einen Nachtheil, welcher darin bestand, dass sie von den Höhen, welche im Bereiche der serbischen Vorposten auf grössere Geschützdistanz der Front gegenüber lagen, dominiert wurden und dass das Gelände in der linken Flanke, nach dem zwischen Slivnica und Bresnik sich hinziehenden Visker-Gebirgsrücken zu, für Infanterie — wenn auch schwer — so doch überall, für Artillerie meist gangbar war, demnach den Serben Gelegenheit zu Umgehungen und dominierenden Flankenangriffen bot.

Aehnlich wie bei Slivnica waren in den Strassen-Defiléen bei Caribrod, Karaula, Dragoman, weiters im Westen und Südwesten Sofia's, auf der Visker pl. und namentlich bei dem nahen, an der chaussierten Strasse gelegenen Vladaja, Vertheidigungs-Stellungen und Strassensperren vorbereitet worden.

Augenzeugen haben in der Anlage der bulgarischen Feldbefestigungen gelungene Nachbildungen der türkischen Vertheidigungs-Anlagen von Plevna erkannt. „Es ist unglaublich", heisst es da z. B., „welche Massen von Erde hier aufgewühlt worden sind, die Familien-„ähnlichkeit mit Plevna springt auf den ersten Blick in's Auge. Die-

„selben stark profilierten, theilweise selbst gegen Geschützfeuer ein-
„gerichteten, oft ein drei- bis vierfaches Etagenfeuer gestattenden
„Schützengräben, welche in grösseren oder kleineren Redouten Stütz-
„punkte fanden, vorzüglich eingerichtete Geschützaufstellungen mit
„Schutzräumen für die Bedienung, so stellt sich die Befestigung von
„Slivnica als eine vorzügliche Nachahmung der türkischen Befestigungs-
„kunst dar".

Vergleicht man beide Operationspläne miteinander, so charakterisieren sich dieselben in kurzen Worten folgendermassen:

Der serbische Operationsplan ist compliciert, zeigt überall halbe Massregeln; die offensive Absicht ist allerdings in demselben enthalten, aber wie durchgeführt; das politische Ziel schob das geografische Moment in den Vordergrund, in Folge dessen wurde die Kraft zersplittert und das Hauptoperationsobject: die **Armee** kam in den Hintergrund, er steht somit vielfach im **Widerspruche** mit den **Hauptprincipien der Kriegführung.**

Der bulgarische Operationsplan dagegen ist **einfach** und **sachgemäss**; seine Bestimmungen sind zunächst auf die **Concentrierung** der gesammten bulgarisch-ostrumelischen **Armee** auf einem Punkte zum taktischen **Entscheidungsschlage** gerichtet.

III.

Die Serben ergreifen die Offensive. — Kämpfe um Slivnica vom 17. bis 19. November.

Die Serben ergreifen die Offensive.

Serben.

Nachdem die serbische Armee fast vier Wochen lang hart Taf. II. an der bulgarischen Grenze aufmarschiert war und eine zuwartende Stellung beobachtet hatte, ergriff sie endlich nach vorangegangener Kriegserklärung die Offensive. Gleichzeitig mit der letzteren hatte König Milan sein Hauptquartier von Niš nach Pirot verlegt und der Nišava-Armee den Befehl gegeben, den Vormarsch derart anzutreten, dass die Spitzen der einzelnen Colonnen Samstag den 14. November 6 Uhr Früh auf der ganzen Linie die bulgarische Grenze passieren können.

Für die beabsichtigte Einnahme von Sofia hatte das serbische Ober-Commando — in grossen Zügen — nachstehende Disposition erlassen:

„Am äussersten rechten Flügel hatte die Morava - Division „über Trn auf Bresnik zu operieren und den Angriff des Gros auf „die feindliche Hauptmacht zu unterstützen.

„Von den im Centrum stehenden drei Divisionen hatten:

a. „Die Šumadija-Division von Sukovska Most auf der nach „Trn führenden Strasse vorzugehen, auf der Höhe von Belik (Stol) „südöstlich abzubiegen, Direction auf Brusnik und Gaber zu nehmen, „nebstbei eventuell auch auf Trn zu drücken und dadurch der Morava-„Division das Debouchieren zu erleichtern;

b. „Die Donau-Division à cheval der Strasse Pirot-Sofia vor-„zurücken;

c. „Die Drina-Division, als Reserve bestimmt, im Thale der „Lukavička r. aufwärts vorzugehen und die Verbindungen zwischen „der Šumadija- und der Donau-Division zu erhalten.

„Auf den linken Flügel wurde die Cavallerie-Brigade mit 1 In„fanterie-Bataillon und 1 Feld-Batterie auf die Strasse von Pirot über „Krupac, Stanjalci gegen den Ginci-Pass, und zwar „zur Deckung „der linken Flanke" disponirt. Weiter wurde auf die nördliche „Parallel-Communication von Pirot gegen den Ginci-Pass 1 Bataillon „2. Aufgebotes bis Ržane behufs „Beobachtung" detachirt."

Diese Disposition verdankte ihre Entstehung zunächst wohl nur dem, im vorhergehenden Capitel beleuchteten fehlerhaften Operations-Plane, der bekanntermassen in erster Linie auf die Occupation des zur Annection in Aussicht genommenen Trner-Kreises ausging, und erst in zweiter Linie auf die Bekämpfung der feindlichen Armee bedacht war. Mag somit in dem politischen Theile des Operations-Planes ein verzeihlicher, weil begreiflicher Fehler unterlaufen sein, so kann für die strategischen Sünden dieser Disposition, die schon bei ihrer Geburt das Unglück von Slivnica in ihrem Schosse trug, absolut kein Entschuldigungsgrund für das serbische Ober-Commando gefunden werden.

Nach den Nachrichten, die eingelaufen waren, hatte man im serbischen Hauptquartiere im Wesentlichen ein ziemlich zutreffendes Bild von der Vertheilung der bulgarisch-ostrumelischen Streitkräfte. Abgesehen also von der zunächst in's Auge gefassten Occupation eines möglichst grossen Theiles des Trner-Kreises, zeigt die grundlegende Absicht der eben citierten Disposition die Idee: den strategischen Angriff mit einer einfachen Umgehung einzuleiten; hiebei sollte die Haupt-Armee die Frontgruppe, die 1. (Morava-) Division die Flankengruppe bilden. Ohne der Idee der einfachen strategischen Umgehung des bulgarischen **linken** Flügels das Wort reden zu wollen, muss immerhin zugegeben werden, dass die strategische Aufstellung der serbischen Nišava-Armee den an die einfache Umgehung zu stellenden Bedingungen entsprach, denn, bei exacter, schneller und stricter Durchführung der Operationen konnte man wenigstens hoffen:

1. Die bulgarische Armee vor Slivnica zum Schlage gegen doppelte Ueberlegenheit zu zwingen (am 16. November hätten die 3 serbischen Divisionen kaum mehr als 1 bulgarische Division angetroffen);

2. die bulgarische Armee von ihren Verbindungen mit Sofia und Ostrumelien abzudrängen und nach Norden in den Balkan zu werfen.

Bekanntermassen liegt das Schwächemoment einer jeden Umgehung — insolange dieselbe sich nicht geltend macht — im Pivot derselben. Letzteres muss somit durch den Raum, oder durch die innehabende Kraft oder endlich durch eine entsprechende Combination von Raum und Kraft gesichert werden.

Der Bedingung des Raumes wäre leicht zu entsprechen gewesen, wenn die Morara-Division einen Vorsprung von Einem Tagmarsche erhalten hätte, was umsoleichter durchführbar gewesen wäre, wenn das serbische Ober-Commando einen „Freitag" nicht als einen „Unglückstag" angesehen, sondern den von den Bulgaren auf die Serben am Freitag den 13. November ausgeführten Ueberfall bei Daščani kladenac, Vlasina **sofort** mit der Kriegserklärung beantwortet und der Morava-Division den Befehl ertheilt hätte, nach Bulgarien einzurücken, statt — wie es thatsächlich geschehen — diese Division, überhaupt alle Colonnen die Grenze erst um 6 Uhr Früh am 14. November überschreiten zu lassen. Für den rechten Flügel war hiedurch ein Tag verloren, ein Tagmarsch versäumt, was an der Niederlage bei Slivnica, nebst dem Munitionsmangel wohl auch seinen Theil hatte. — Der Bedingung der Kraft war entsprochen, durch die numerische Ueberlegenheit der bei Pirot concentrierten serbischen Kräfte (27.000 Mann) über die bis zum 16. November bei Slivnica concentrierte bulgarische Macht (10.000 Mann).

Beurtheilt man weiters die Aufgaben, die sich das serbische Ober-Commando gestellt hatte, so ergeben sich gleichsam von selbst die Directiven für die Kräfte-Gruppierung bei der Offensive, u. zw.:

1. Vorwerfen der Cavallerie-Brigade zur näheren Aufklärung über die Verhältnisse beim Gegner; wenn es etwa — mit Rücksicht auf das zu durchziehende Terrain — nicht besser gewesen wäre, sich zu diesem Zwecke blos der bei den Divisionen eingetheilten Cavallerie zu bedienen und das Gros der Cavallerie an der Queue der Hauptcolonne einzutheilen, um sie für die voraussichtliche Action in der Ebene bei Sofia zur Hand zu haben. Dieser Forderung wurde nicht entsprochen, da die Cavallerie zu einer speciellen Aufgabe und in ein Terrain disponiert war, wo nur Infanterie mit einigen Gebirgsgeschützen und etlichen Ordonnanzreitern auf die Dauer mit Erfolg zu verwenden gewesen wäre.

2. Die Divisionen müssen gefechtsbereit vorrücken; daher wo es nöthig, Theilung in Colonnen, jedoch derart, dass dieselben zuversichtlich sich gegenseitig zu unterstützen vermögen und rasch zum Gefechte entwickeln können. Wollte also das serbische Ober-Commando absolut mehrere Colonnen formieren, so hätte hiezu — wenn man sich die kleinen serbischen Divisionen vergegenwärtigt, deren vereinte Bewegung auf einer Strasse vom marschtechnischen Standpunkte gewiss keinen Schwierigkeiten unterliegen konnte — von der Einmündung der Lukavička in die Nišava eine Theilung in 2 Colonnen vollkommen genügt; u. zw. auf der Chaussée 2 bis $2^{1}/_{2}$ Divisionen, im Lukavička-Thale aufwärts über Višan, Tabani, Solince, Vladimirovce $^{1}/_{2}$ Division mit Gebirgsartillerie. Zur Sicherung der rechten Flanke, beziehungsweise des Rückens über Banjski Dol, hätte bis zur hergestellten Verbindung mit der Morava-Division ein kleines Detachement genügt, welches dann sofort wieder zur Hauptcolonne einzurücken gehabt hätte.

Statt nun in der eben skizzierten **einfachen**, dafür aber **sicheren** Weise eine Theilung in 2 Colonnen vorzunehmen, hatte das serbische Ober-Commando alle Divisionen **fächerartig auseinander** und in die **erste Linie** vorgezogen, so, dass schon am 2. Operationstage, dem 15. November — da die Drina-Division beordet worden war, die Verbindung zwischen der Donau-Division auf der Pirot-Sofia-Strasse und der Šumadija-Division auf der Pirot-Trner-Strasse zu erhalten — keine Gliederung in die Tiefe mehr existierte. Die drei Divisionen der Hauptarmee standen schon an diesem Tage in einer Ausdehnung von circa 20 *km* Luftlinie (Karaula-Višan-Vrapče-Trn) demnach, bei Berücksichtigung des Terrains, eine Vereinigung derselben gegen die, den linken Flügel bildende Donau-Division zum taktischen Schlage, nicht mehr möglich war. Noch misslicher musste sich natürlich die Ausdehnung der Armeefront (Stanjalci-Karaula-Višan-Vrapče-Trn-Turekovci) gestalten; sie betrug bereits über 40 *km* Luftlinie.

3. Der Gegner sollte vorwärts Sofia zum schlagen gezwungen und — wenn möglich — vernichtet werden; Schwergewicht demnach auf denjenigen Flügel, von welchem aus dem Feinde das Ausweichen am nachtheiligsten verhindert werden kann. — Die getroffenen Dispositionen entsprachen dieser Forderung allerdings in einem nur zu **überreichen** Masse; bekanntermassen hatte das serbische Ober-Commando auf den rechten Flügel der Armee schon am 2. Operationstage 3 Divisionen (Morawa-, Šumadija- und Drina-Division), also **drei Viertel seiner Gesammtkraft**, aber in einer Weise disponiert,

dass diese Divisionen sich untereinander nicht unterstützten, demnach auch einen vereinten und überwältigenden Druck auf den bulgarischen linken Flügel nicht in Scene setzen konnten. Dagegen war das sogenannte „Centrum" — die Donau-Division — den Bulgaren förmlich geopfert.

4. Musste die serbische Oberleitung mit Bestimmtheit darauf rechnen, dass das bulgarische Hauptquartier bestrebt sein werde, mit Zuhilfenahme aller nur denkbaren Beschleunigungsmitteln, die bulgarisch-ostrumelische Armee noch zeitgerecht vorwärts Sofia zum taktischen Entscheidungsschlage zu concentrieren. Unter solchen Verhältnissen war Schnelligkeit, wenn möglich Ueberraschung bei der Durchführung der beabsichtigten Operationen gewiss von hohem Werthe, weil jeder Tag, ja jede Stunde, den bei Slivnica stehenden bulgarischen Kräften, Verstärkungen brachte. Von der serbischen Grenze bis Slivnica sind es etwa 34 km. Wenn man selbst das Gefecht bei Caribrod und bei Karaula berücksichtigt, so hätte die serbische Armee immer noch am 16. November mittags zum Angriffe auf Slivnica schreiten können. 34 Kilometer während zweier Marsch- und kleiner Gefechtstage — am 14. und 15. November — und einem kleinen Angriffsmarsche — am 16. November — auf Slivnica, wären wahrlich keine besonderen Marschleistungen gewesen. Dementgegen hat die Nišava-Armee nur ganz kleine Märsche gemacht. Ihre Front stand am Abende des 14. November in der Linie Caribrod*)-Corin Dol-Banjski Dol, die einzelnen Divisionen hatten somit kaum 7 bis 9 Kilometer zurückgelegt; am Abende des 15. November war die Linie Karaula-Višan-Vrapče-Trn erreicht, somit auch an diesem Tage nach vorwärts kaum 10 bis 16 km Raum gewonnen; am Abende des 16. November endlich gelangte die Front der Haupt-Armee in die Linie Dragoman-Solince-Brusnik, in der eigentlichen Marschrichtung waren somit abermals kaum etliche 7 bis 8 km hinterlegt, und doch waren die auf Umgehungen ausgesandten Divisionen phisisch so gut wie „ausgepumpt".

Die Schuld von all' dem fällt wohl auch hier dem serbischen Ober-Commando zur Last. Statt nämlich die Divisionen — wenigstens die Šumadija und Drina — auf der Haupt-Communication zu belassen, hatte man ihnen ganz nutz- und zwecklos Marschlinien angewiesen, auf welchen sie furchtbare Marschschwierigkeiten zu bewältigen hatten. Sie mussten ressourcenarme Waldgebirge von 700 bis 1.200 Meter Höhe durch mehrere Tage passieren. Winternebel, Schnee und

---

*) Die Donau-Division unter dem Commando des Generals Jovanović überschritt die Grenze statt in der Früh, erst um 2 Uhr Nachmittags.

Regen durchweichten den Boden der schlechten Waldwege, die bergauf und bergab ziehen, derart, dass die Truppen das Gewehr als Bergstock benützend und mit schweren Sack und Pack daherkeuchend bis zu den Knien in Schnee watteten oder bis zu den Waden im Moraste versanken, während der eiskalte Wind über die leblosen, winterstarren Berghänge heulte und der müden einhermarschierenden Mannschaft die Finger erstarren machte. Endlich müssen bei diesen Marchleistungen noch die endlos langen Nächte in Anschlag gebracht werden, die weder das Fortkommen von Menschen und Thieren auf dem ungebahnten nassen Boden gestatteten, noch auch der ermatteten im Regen und Schnee unter freiem Himmel campierenden Truppe, irgend eine Erholung gewährten. — Kann man sich unter solchen Verhältnissen wundern, wenn die Umgehungs-Colonnen — und darauf scheint ja das Ober-Commando mit Sicherheit gerechnet zu haben, den durch Manöver sollte der Feind zurückgeworfen werden — nicht rechtzeitig zum Angriffe auf Slivnica eintrafen?!

Bulgaren.

Taf. II.   Es war eine bedenkliche militärische Situation, in der Fürst Alexander und seine Armee im Augenblicke der serbischen Kriegserklärung sich befunden haben, und, bei der Initiative, mit der König Milan die Gunst seiner militärischen Situation für die Operationen auszunützen bestrebt schien — mögen die Tage vom 14. bis 17 November dem Fürsten wohl wie eine Ewigkeit geschienen haben; schon deshalb, weil heute, wo die Entschlossenheit, Kühnheit und Thatkraft des Fürsten so glänzende Proben abgelegt hat, man mit Bestimmtheit sagen kann: Fürst Alexander hätte, wäre die militärisch günstige Situation bei der Kriegserklärung auf seiner Seite gewesen, dieselbe gewiss in ganz anderer Weise ausgenützt. Das Loos, das alle Welt bei Beginn des Krieges der bulgarischen Armee prophezeiht hatte, wäre ihr — hätte der serbische Generalstab seine Sache richtig aufgefasst — wohl nicht erspart geblieben.

    Von Haus aus strategisch auf die Defensive gewiesen, mussten alle Handlungen des Fürsten auf Zeitgewinn berechnet sein; denn nur, wenn es ihm, vom Momente der Kriegserklärung an gerechnet, gelang, den taktischen Entscheidungsschlag um 4 bis 5 Tage hinauszuschieben, konnte er hoffen in diesen mit ebenbürtigen Kräften einzutreten. Und es war ihm thatsächlich gelungen; allerdings hatte jedoch der Fürst diesen Erfolg, nebst seinen persönlichen Eigenschaften, den Fehlern seines Gegners zu verdanken.

Mit welcher Freude mag man im fürstlichen Hauptquartiere die Nachricht vernommen haben, dass drei Viertel der serbischen Nišava-Armee sich im pfad- und ressourcenlosen Wald- und Karstgebirge des Trner-Kreises umhertreibe. Mit jedem Schritte, welchen die feindliche Armee gegen die Grloska pl., Visker pl., Lünlün pl., und den Vitoš vorwärts machte, in denen sie sich verwickeln musste, gewann die numerisch täglich stärker werdende bulgarische Armee offenbar an Vortheilen über jene Truppen des Gegners — es war dies nur die Donau-Division — die sich auf der Chaussée Caribrod-Dragoman gegen Slivnica heran bewegten; die Aussicht, diese einzelne Division anzufallen und mit relativer Ueberlegenheit zu schlagen, ward dadurch eine immer wahrscheinlichere.

Ohne des Näheren in die Schilderung der kleinen Gefechte bei Odorovci und Gulenovci, Caribrod und Banjski Dol am 14. November, — bei Stanjalci und Razbojste, bei Karaula und Trn am 15. November, — einzugehen, die übrigens serbischerseits strategisch auch ganz belanglos waren, sei nur erwähnt, dass Fürst Alexander, als er am Abende des 16. November im Lager von Slivnica eintraf, das Gros seiner Armee, etwa 15.000 Mann, in einer technisch vorzüglich verstärkten Stellung antraf, der gegenüber - wie ihm berichtet wurde — die serbische Armee (wie man es jetzt weiss, war dies allerdings nur die Donau-Division allein) vom Dragoman-Passe herabsteigend, an diesem Tage nicht zum Angriffe geschritten, sondern — und dies musste für Alexander von grosser Bedeutung sein — in einer Entfernung von etwa 5 km vor den Befestigungen Halt gemacht hatte.

Auch die Zuversicht der Armee und des ganzen Landes war durch den der Landeshauptstadt drohenden concentrischen Vormarsch der serbischen Colonnen nicht erschüttert; der moralische Gehalt seines Heeres hatte durch die bisherigen Rückzugsgefechte, in welchen die Serben stets eine kolossale Uebermacht entwickelten, nicht gelitten. Wusste man doch in der ganzen Armee, dass der Zweck dieser kleinen Rückzugsgefechte: **Zeitgewinn** war. Und dieser Zweck wurde vollkommen erreicht, weil es inzwischen dem bulgarischen Hauptquartiere gelungen war, die bei Slivnica stehenden Kräfte durch die täglich, ja stündlich aus Ostrumelien und dem Norden von Bulgarien eintreffenden frischen Truppen ansehnlich zu verstärken.

Kämpfe um Slivnica von 17. bis 19. November.

Die strategische Beurtheilung dieser Kämpfe lässt sich am einfachsten in folgenden Hauptpunkten zusammenfassen: Taf. II.
    1. Die strategische Einleitung und Zweck.
    2. Das beiderseitige Kräfte-Verhältniss.

3. Die Form des strategischen Angriffes.
4. Die Angriffs-Richtung.
5. Der Erfolg.

ad 1. Ueber die strategische Einleitung wurde bereits in der ersten Hälfte dieses Kapitels zum grösseren Theile gesprochen; es bedarf somit nur mehr einiger kurzer Ergänzungen.

Wie schon erwähnt, hatte auf serbischer Seite die Armeefront am Abende des 2. Operationstages — dem 15. November — eine Ausdehnung von weit über 40 *km* erreicht. In Folge dessen sah sich das Ober-Commando genöthigt, die sich noch mehr auseinanderziehende Armeefront dadurch einigermassen zu kürzen, dass sie den linken Flügel einzog, die Cavallerie-Brigade also von der Strasse Pirot-Stanjalci-Ginci-Pass zum Centrum auf der Strasse Pirot-Sofia, bei Dragoman beorderte. Hiedurch wurde allerdings die Armeefront um einige Kilometer kürzer gemacht, aber die strategisch verfehlte Disponierung der Cavallerie-Brigade seitens der Armeeleitung blieb wesentlich dieselbe, da sie abermals nicht vor die Armeefront zum Aufklärungsdienste, sondern wieder in's Gebirge, ja sogar hinter den linken Flügel gezogen worden war. Wie gleich des Näheren erwähnt werden soll, hatte die Nišava-Armee am 17 November Rasttag zu halten. Um so nothwendiger wären schon am Vortage, dem 16. November, ausgreifende Recognoscierungen gewesen; geradezu peremptorisch geboten waren sie jedoch am 17. November. Der Rasttag wurde indessen auch auf die Cavallerie-Brigade ausgedehnt, so dass gerade das Gegentheil von dem geschah, was geschehen hätte sollen. Da überdies die Cavallerie - Brigade vom 16. auf den 17. November, ja selbst am Vormittage dieses letzteren Tages bei Golemo Malovo nicht weniger als 15 *km* hinter dem linken Flügel der Nišava-Armee stand, so ist es ja leicht erklärlich, dass der Gegner auf seinem rechten Flügel sich massieren und den linken Flügel der Donau-Division umgehen konnte, ohne von derselben früher bemerkt zu werden, als bis er sie mit überlegenen Kräften in ihrer linken Flanke anfiel.

Erwägt man weiters, dass das serbische Ober-Commando sich mit der beinahe ohne Kampf erfolgten Besetzung des Dragoman-Passes durch die schwache Donau-Division nicht begnügte und dieselbe — statt südöstlich von Dragoman eine technisch möglichst zu verstärkende Defensiv-Stellung zu beziehen, — bis auf die Höhe Tri Uši vormarschieren liess, so muss man zugeben, „dass dies" — wie Herr J. Lukeš in seinen kritischen Schilderungen sagt: „den

„Feind förmlich provocierte, von dem Vortheile seiner relativen „Ueberlegenheit Gebrauch zu machen und über die schwächere „Donau-Division herzufallen".

„Am Nachmittage des 3. Operationstages — dem 16. November — „sagt Herr Lukeš weiter: „fand sich König Milan bei der Drina-„Division nächst Solince (Balja) und jenen Theilen der Šumadija-„Division bei Gaber ein, welche nicht bei Trn engagiert waren, und „hielt einen Kriegsrath ab, welchem, mit Ausnahme des Comman-„danten der Morava-Division, der im Marsche auf Breznik begriffen „war, sämmtliche übrigen Unter-Commandanten anwohnten. Dieser „Kriegsrath beschloss, dass Slivnica am 17. — dem 4. Operationstage — „angegriffen werden solle. Der Commandant der Šumadija-Division, „Oberst Benicky, sprach sich jedoch in der entschiedensten Weise „dagegen aus. Sämmtliche Armeetheile hatten drei Marsch- und Ge-„fechtstage hinter sich; Theile der Šumadija-Division waren überdies „von Trn, wo sie die Morava-Division im Debouchieren unterstützt „hatten, noch nicht zum Gros der ersteren eingerückt. Oberst Benicky „drang daher darauf, dass erst am 18. angegriffen, am 17. aber ge-„rastet, railliert und recognosciert werde. Der König pflichtete „schliesslich dem Obersten Benicky bei. Es wurden für den 17. Re-„cognoscierungen angeordnet, überdies die Cavallerie auf den linken „Flügel der Donau-Division disponiert und nebstbei das Hauptquartier „von Pirot nach Caribrod verlegt."

Mit dem „Rasttaghalten" hat es nun im Kriege, sobald einmal die beiden Armeen sich auf Kampfesweite gegenüberstehen, allerdings seine eigene Bewandtnis. Man vergiesst zumeist, dass der Gegner da auch etwas mitzureden hat und gerade in den meisten Fällen den Rasttag **nicht** acceptiren will. Die Kriegsgeschichte weist auf gar viele ähnliche Fälle hin. So war es beispielsweise im Jahre 1866 auch die Absicht des Commandanten der österreichischen Nord-Armee gewesen: „der Armee", — wie er dies in dem am 2. Juli um 12 Uhr Mittags gehaltenen Kriegsrathe sagte — „in der „von ihr eingenommenen Stellung Ruhe zu gönnen"; — merkwürdigerweise wollten aber die Preussen keinen Rasttag halten.

Fasst ganz dieselben Verhältnisse zeigen die Bulgaren am 17. November. Nachdem der Fürst bis 10 Uhr Vormittags auf den Angriff der Serben gewartet hatte und dieser nicht erfolgte, ordnete er einen Vorstoss vom rechten Flügel aus an, — um „über die Stärkevertheilung der Serben Zuverlässiges zu erfahren", — der, durch das Nebelwetter begünstigt, über Malo Malovo ausgeführt, vorzüglich gelang, den linken Flügel der serbischen Donau-Division vollkommen überraschte und in Unordnung zurückwarf. Wären 3 oder wenigstens 2½ serbische Divisionen à cheval der Chaussée gestanden, es hätte wahrlich keines Rasttages bedurft, um die Bulgaren total zu schlagen. Aber auch mit den für diesen Tag angeordneten Recognoscierungen hatte es seine eigenthümlichen Wege. Nach der Lage der Dinge fielen diese zunächst, der vom Feinde etwa nur 5 km entfernten Donau-Division und selbstverständlich auch der Cavallerie-Brigade zu, und doch hatte weder diese noch jene bis 10 Uhr vormittags etwas gethan. Ueberhaupt wurden dem Commandanten der ersteren, General Jovanovic, nicht nur grobe Fehler in der Truppenführung, sondern auch eine an's Unglaubliche grenzende Fahrlässigkeit in der Handhabung des Sicherheitsdienstes zur Last gelegt; ja selbst der sonst sehr tüchtige Commandant der Cavallerie-Brigade, Oberst Praporcetovic, war dem am 16. November erhaltenen Befehle, am 17. November an den linken Flügel der Donau-Division vorzumarschieren und eine Recognoscirung vorzunehmen, nicht nachgekommen. Wie die Thatsachen zeigen, war es auch bei der Cavallerie-Brigade so weit gekommen, dass selbst die für den „Zustand der Ruhe" im Felddienste vorgeschriebenen einfachsten Sicherheitsmassregeln nicht gehandhabt wurden, denn nur so lässt es sich erklären, dass plötzlich Gewehr- und Geschützprojectile in das Lager derselben einschlugen, ohne dass das Anrücken des Feindes von irgend einer Seite gemeldet worden wäre.

Ueber den Zweck des Kampfes wurde schon gesagt, dass derselbe serbischerseits in der Niederwerfung der bulgarischen Armee und der Einnahme von Sofia, — bulgarischerseits aber darin bestand, die weitere Offensive der Serben zum Stillstande zu bringen, die Vereinigung der ausser aller Verbindung marschierenden serbischen Colonnen zu vereiteln und — die relative Ueberlegenheit ausnützend — die auf der Chaussée diesseits des Dragoman-Passes stehende nächste Gruppe zu schlagen.

ad 2. Es standen am 17. November um 10 Uhr Vormittags:

a. Von den Serben: 1. Die Donau-Division (zählte nur 9 Bataillone) und die Cavallerie-Brigade auf Tri Uši, beziehungsweise Golemo Malovo: in Summe an Streitbaren kaum 7.000 Mann Fusstruppen, 1.200 Reiter und 30 Geschütze;

2. Die Drina-Division bei Vladimirovce; 7.500 Mann Fusstruppen, 200 Reiter, 24 Geschütze;

3. Die halbe Šumadija-Division bei Gaber; 4.000 Mann Fusstruppen, 100 Reiter, 12 Geschütze;

Zieht man die Entfernungen in Betracht, auf welche diese Divisionen vom Gefechtsfelde standen, so zeigt es sich, dass auf demselben **unbedingt alle** erscheinen konnten; selbst abgesehen davon, dass an diesem Tage Rasttag gehalten wurde. Thatsächlich nahmen am Kampfe nur die sub 1. und 2. genannten Divisionen theil, und die sub 2 genannte auch erst von 11 Uhr 30 Minuten Mittags; die Šumadija-Division aber ohne Rücksicht auf das „marcher au canon" blieb selbst mit den schon am Abende des 16. November bei Gaber eingetroffenen Theilen ruhig im Lager stehen, unbekümmert um den sich bei Slivnica entsponnenen Kampf.

b. Von den Bulgaren-Ostrumeliern etwa 18.000 Mann Fusstruppen, 400 Reiter und 48 Geschütze. Hievon ergriffen die Offensive gegen die sub 1 der Serben genannten Kräfte etwa 12.000 Mann Fusstruppen, 400 Reiter und 12 Geschütze, während der Rest zur Abwehr eines Angriffes in der Hauptstellung verblieb.

Vergleicht man nun die gegenseitig in Action gebrachten Massen, so zeigt sich, dass die zum Offensivstosse verwendeten bulgarischen Kräfte der serbischen Donau-Division von Haus aus so entschieden überlegen waren, dass an ein Aufhalten derselben nicht zu denken war; überdies musste die Cavallerie-Brigade schon aus dem Umstande von Golemo Malovo nach Dragoman zurückgehen, weil sich bei ihr der fatale Munitionsmangel zuerst fühlbar machte.

Die zur Defensive in der Hauptstellung rückgelassenen Streitkräfte — 6.000 Mann Fusstruppen, 36 Geschütze — genügten vollkommen, um den, wie bekannt, nur von der Drina-Division ausgeführten Angriff abzuweisen.

Am 18. und 19. November schlug das nummerische Kräfteverhältniss entschieden zu Gunsten der Bulgaren um, den während jenes der 3 serbischen Divisionen kaum 19.000 Mann Fusstruppen betragen hatte, führten die Bulgaren deren allein über 32.000 bis 35.000 Mann in's Feuer.

Von der Morava-Division der Serben war weder am 18. noch am 19. November irgend ein erheblicher Theil vor Slivnica erschienen. Diese Division war trotz ihrer Siege bei Trn und Bresnik für die entscheidenden Kämpfe so gut wie gar nicht vorhanden.

ad 3. Was die Form betrifft, so soll die Tendenz eines strategischen Angriffes in der Schlacht taktisch zum Ausdruck kommen.

Die Aufgabe, die sich das serbische Ober-Commando gestellt hatte, war: die bulgarische Haupt-Armee bei Slivnica in ihrer linken Flanke zu umgehen und von Sofia abzudrängen. Dies erforderte vor

Allem: verhindern, dass die bei Slivnica stehenden bulgarischen Kräfte auf der Hauptlinie selbst zur Offensive schreiten, demnach entsprechend starke **Frontgruppe** und entsprechend **starker Druck auf die linke Flanke**. Dem entgegen liessen die Serben ihre Frontgruppe — weil numerisch viel zu schwach — über den Haufen rennen und die Divisionen der Flankengruppe, auf 3 divergierenden Linien vorgehend, waren nicht im Stande, sich gegenseitig zu unterstützen, griffen demnach entweder gar nicht oder nur vereinzelt an. Was natürlicher, als dass im entscheidenden Momente der wuchtige Stoss in des Gegners Flanke*) fehlte, selbst abgesehen davon, dass die auf abenteuerliche Umgehungen ausgesandte Šumadija- und Morava-Division zwecklos enormen Strapazen und Menschenopfern ausgesetzt waren. Wie ganz anders hätten sich die Gefechte bei Slivnica schon am 17. November gestalten müssen, wenn — wie wiederholt betont — die Serben dort die inzwischen in der Berg- und Waldwildnis nutzlos umherirrenden 2 Divisionen, die zusammen etwa 16.000 Combattanten zählten, zur Hand gehabt hätten!

Das Streben des **bulgarischen** Hauptquartiers musste darauf gerichtet sein, durch einen wuchtigen Angriff auf den serbischen linken Flügel, hinter welchem die Rückzugslinie nach Pirot lag, den Gegner **von** derselben, also von der Chaussée, abzudrängen, in die Visker pl. zu werfen, somit in den Besitz der serbischen Rückzugslinie zu gelangen. Thatsächlich wurden auch alle von den Bulgaren während der dreitägigen Kämpfe um Slivnica ausgeführten Offensivstösse gegen den linken serbischen Flügel geführt.

ad 4. Die einfache strategische Umgehung des bulgarischen linken Flügels musste **serbischerseits** in der Schlacht selbst durch den taktischen Schlag gegen den feindlichen linken Flügel zu Ende geführt werden, somit in einen Flankenangriff auslaufen.

Am 14. November wird von den Serben der strategische Angriff durch die Morava-, Šumadija- und Drina-Division — am 17. November, dem 1. Schlachttag selbst, nur mehr durch die Šumadija- und Drina-Division — eingeleitet; zum wirklichen, d. i. zum taktischen Flankenangriffe aber geht nur mehr **Eine** Division (die Drina-Division) über. Es wurde somit statt dem **Maximum** der Kraft in der entscheidenden Richtung nur das **Minimum** eingesetzt.

---

*) Es ist hier am Platze, eines bekannt gewordenen Bon-mot des serbischen Generalstabs-Chefs des General Petrović Erwähnung zu thun. Als am 17. November der Hauptmann vom Generalstabe, Nešić, die Meldung brachte, die Rückzugslinie des linken Flügels sei bedroht, befragte der König sofort den Chef des Generalstabes um seinen Rath, worauf derselbe folgende seltsame Antwort gegeben haben soll: »Greift der Bulgare unseren linken Flügel an, so werden wir seinen linken Flügel angreifen.«

Am 18. November wurde, als ob inzwischen nichts vorgefallen wäre, der am 16. im Kriegsrathe beschlossene Angriff auf Slivnica von der Drina- und Šumadija-Division u. zw. auf den linken Flügel der Bulgaren, unternommen. Die Frontgruppe — Donau-Division — war aber in der linken Flanke und im Rücken bereits sehr stark bedroht, hatte überdies immense Verluste, litt endlich schon derart an Munitionsmangel, dass sie gegen den Dragoman-Pass retirieren, und die beiden anderen Divisionen sich selbst überlassen musste.

Am 19. November endlich musste auch die Šumadija- und die Drina-Division nach einem ernsten aber fruchtlosen Versuche, sich zu halten, ebenfalls den Rückzug antreten.

Am 19. November, wenn schon nicht theilweise am 18. war somit die **Idee der strategischen Angriffsrichtung aufgegeben**; es kann somit eigentlich nur von einzelnen von den zwei Divisionen der Flankengruppe ohne Zusammenhang ausgeführten „Verzweiflungsversuchen" die Rede sein.

Bulgarischerseits musste das Streben dahin gerichtet sein, die Trennung beim Gegner auszubeuten, demnach unter Ausnützung der **relativen Ueberlegenheit**, die Vertheidigung möglichst activ zu führen, somit jeden Schwächemoment des Gegners auszunützen.

Wie schon erwähnt, standen am Vormittage des 17. November vom Gegner nur etwa 7.000 Mann Fusstruppen, 1.200 Reiter und 30 Geschütze zwischen Tri Uši und Golemo Malovo. Dies war der **grösste Schwächemoment für die Serben**, — der **günstigste Moment für die Bulgaren** zum Ergreifen der Offensive. In vollkommen richtiger Weise wurden diese Verhältnisse, bei Zugrundelegung der strategischen Angriffsrichtung vom Fürsten Alexander nicht nur gewürdigt, sondern auch correct durchgeführt, und — da der Erfolg dieser richtig erkannten Offensive schon am 17. November nicht fehlte — dieselbe auch am 18. und 19. November neuerdings in derselben Richtung vorgetrieben.

ad 5. Die **Serben** treten den Rückzug an; die von ihnen eingeleitete einfache strategische Umgehung war total misslungen.

Auf **bulgarischer** Seite war der Erfolg ein durchschlagender. Die bulgarische Hauptstadt war gerettet; die serbischen Divisionen mussten auf allen Linien den Rückzug antreten und dieser hätte, — da er am 19. November den Serben eigentlich verlegt war, — zu einer **Katastrophe** führen müssen, wenn nicht die beschränkte Offensivfähigkeit der Bulgaren die Serben gerettet hätte.

Ohne Munition, war die serbische Armee, wenn die bulgarische am 19. November oder längstens am 20. November energisch vorgestossen wäre, dem Untergange geweiht.

Gross waren die Opfer dieses dreitägigen Ringens; den Serben hatten dieselben etwa 3.500 Mann an Todten und Verwundeten und etwa 500 Mann an Gefangenen, also nahe 17%, — den Bulgaren dagegen kaum 800 Mann an Todten und Verwundeten, also nicht ganz $4^1/_2$% des Gefechtsstandes gekostet.

IV.

Unmittelbare Folgen der von den Bulgaren errungenen Siege bei Slivnica. — Schlacht bei Pirot am 26. und 27. November.

Unmittelbare Folgen der von den Bulgaren errungenen Siege bei Slivnica.

S e r b e n.

Der unglückliche Ausgang der vor Slivnica gelieferten Kämpfe wirkte zunächst höchst deprimierend auf König Milan und alle Jene, die ihn in diesen schweren Tagen zu berathen und zu unterstützen hatten. — Drei Divisionen waren einzeln geschlagen und zum Rückzuge gedrängt worden; was aber jedenfalls vereinzelt in der Kriegsgeschichte dasteht: sie hatten sich verschossen, Ersatz an **Munition fehlte**, — sie waren somit im vollsten Sinne des Wortes **kampfunfähig.** Die strategische Situation für die Serben war somit höchst ungünstig; nicht nur die **Vorsicht**, sondern auch das eiserne Gesetz des Gegners zwang sie zur Defensive. Diese letztere aber verlangte den Rückzug in die Heimat respective die **endliche Vereinigung** der auseinander gekommenen Theile der Nišava-Armee.

Taf. II.

Der Rückzug kann — bekanntermassen — ein **freiwilliger** sein, u. zw. vor Beginn der Schlacht, überhaupt vor Eintritt der Entscheidung, oder ein **erzwungener** nach verlorener Schlacht. Es bedarf wohl keiner weiteren Beweisführung, dass die Serben zum Rückzuge gezwungen waren. Vom strategischen Standpunkte wäre der Rückzug mit Bezug auf folgende Punkte zu beurtheilen:

a. den zu erreichenden Endpunkt;
b. die Gruppierung der Kräfte;
c. die allgemeine Richtung, und
d. den Zeitpunkt.

— 54 —

ad a. Der nächste grosse Terrainabschnitt, wo die Serben hoffen durften, sich mit Aussicht auf Erfolg vorläufig behaupten zu können, war die Morava-Linie bei und um Niš. Sie entsprach vollkommen den Anforderungen, welche die Theorie an das Ziel nach einem erzwungenen Rückzuge stellt. Sie war nicht zu weit aber doch genügend entfernt, um sich der feindlichen Machtsphäre zu entziehen und bot die Möglichkeit, die Armee an derselben wieder zu retabliren und Verstärkungen aus dem Innern an sich zu ziehen. Allerdings wären die Verhältnisse noch bedeutend günstiger gewesen, wenn die Morava als „Vertheidigungs-Linie" technisch verstärkt und hergerichtet, überhaupt ein „Vertheidigungs-Raum" — wie dies im Capitel II, Seite 36 erwähnt wurde — an derselben geschaffen worden wäre. Eine besondere Wichtigkeit hätte aber Niš als Ziel des Rückzuges dadurch erhalten, dass Fürst Alexander dann zu einer Theilung seiner Streitkräfte gezwungen worden wäre. Während nähmlich wahrscheinlicherweise das bulgarische Gros über die Bjelava pl. gegen die untere Nišava, beziehungsweise über Ponor und Bela Palanka gegen Niš vorgegangen wäre, dürfte ein zweiter Heerestheil zum Schutze der rechten Flanke der Hauptcolonne und der Verbindung mit Pirot die Directive über die Babina Glava gegen das obere Timok-Thal, beziehungsweise von Pirot über Temska, Knjaževac erhalten haben. Dazu bietet die wohlbebaute und dichtbevölkerte Umgebung von Knjaževac, wie überhaupt das ganze fruchtbare Timok-Thal einen so guten Ausgangspunkt zu Operationen gegen Flanke und Rücken einer von Pirot über Bela Palanka auf Niš vorrückenden Armee, dass die Serben entweder von irgend einem Punkte aus die Vortheile dieser Flankenstellung ausgenützt haben würden, oder aber in der Lage gewesen wären, die auf der Chaussée vorgehenden Heerestheile bei ihren Debouchieren aus dem Gebirge vorwärts Niš mit relativer Ueberlegenheit anzufallen. Es muss endlich noch dahingestellt bleiben, ob die bulgarische Armee bei einem Manövrieren auf zwei Operations-Linien, bei der damit wachsenden Ausdehnung des Operations-Raumes, endlich den sonstigen unvermeidlichen Reibungen und Schwierigkeiten, sich auch dann so bewährt haben würde, wie unter der unmittelbaren Leitung und Führung des Fürsten selbst.

Die Terrain-Verhältnisse gestatteten allerdings auch, wie es thatsächlich geschah, vor der Morava — bei Pirot — einen Aufenthalt. Allein da man es verabsäumt hatte, Pirot schon während der Mobilisierung fortificatorisch zu verstärken, so wäre es schon deshalb richtiger gewesen, gleich bis Niš zu gehen, weil nur dieser

Ort — als Bahnstation — der in einer verhältnismässig gesicherten, ressourcenreichen Lage an der Basıs, der serbischen Armee die Möglichkeit geboten hätte sich zu erholen, zu sammeln und zur Wiederaufnahme der Offensiv-Operationen vorzubereiten.

ad b. Die G r u p p i e r u n g der K r ä f t e war durch die Aufstellung am Abende des 19. November von selbst gegeben; man war somit genöthigt in zwei Gruppen zurückzugehen. Die Dirigierung sowohl der Haupt-Armee als auch jene der Morava-Division an einem Punkt war eine r i c h t i g e, weil doch e n d l i c h a n d i e **Vereinigung** aller 4 Divisionen der Nišava-Armee gedacht werden musste.

ad c. Die a l l g e m e i n e R ü c k z u g s r i c h t u n g entsprach wohl dem theoretischen Begriffe einer concentrischen Rückbewegung; dasselbe war jedoch nicht bei den einzelnen Colonnen der Fall. Der Rückzug der Donau-Division war beispielsweise mit Bezug auf die eigentliche Rückzugs-Linie Slivnica-Dragoman-Pirot in e x c e n t r i s c h e r Richtung erfolgt.

Hätte der Fürst von Bulgarien an den folgenden Tagen, dem 20. und 21. November, die so glücklich begonnene Offensive auf Dragoman fortgesetzt, so wäre das serbische Gros auf Trn geworfen und total vernichtet worden. Der Rückzug hätte sodann stets in excentrischer Richtung weitergeführt werden müssen und braucht es nicht erst des Näheren erörtert zu werden, was in diesem Falle das Los der serbischen Armee geworden wäre.

Erst als man sich im serbischen Hauptquartiere von dem ersten Schrecken wieder einigermassen erholt hatte, wurde der Dragoman-Pass, der durch einige Tage herrenlos war, wieder occupiert.

ad 4. Es ist eine wissenschaftliche Frage von hohem militärischem Interesse, was denn das serbische Ober-Commando, respectıve dessen Generalstab b e w o g e n h a b e n m a g, **dieselben**, wiederholt im Kampfe gestandenen, moralisch und phisisch herabgekommenen Truppen am 19. November einem n e u e n **gewissen Echec** gegen die grosse Uebermacht der Bulgaren auszusetzen.

Betrachtet man die Verhältnisse bei der serbischen Armee, wie sie thatsächlich waren, so ist es wohl klar, dass schon am Abende des 17. November an eine Offensive kaum mehr zu denken war. Jedenfalls aber hatte man am Abende des 18. November keine Aussicht mehr, die Offensive am 19. zu ergreifen; war dies aber der Fall, dann musste mit Ruhe, aber o h n e Z a u d e r n geschehen, was zur Abwehr des feindlichen Einbruches im eigenen Lande dienlich sein konnte. Hatte man zu Beginn des Krieges die Offensive ergriffen, so galt es jetzt, wo man strategisch auf die Defensive gesetzt war, unter Verwerfung aller mit ihr nicht zusammenhängender Pläne, sie so gut als möglich zu führen. Ohne Kampf war der Rückzug am 19. November allerdings nur mehr schwer durchführbar. Die serbischen Arrièrre-Garden hätten aber im Dragoman-Passe — wie es thatsächlich am 22. November der Fall war — günstige Bedingungen für Nachhut-Gefechte gefunden, welche Zeit der rückmarschierenden Armee zu Gute gekommen wäre. Dieser Rückmarsch hätte aber noch am 19. November, oder wenigstens in der Nacht vom 19. auf den 20. November mit aller Energie angetreten werden müssen. Die Gefahren und Schwierigkeiten, welche die Armee auf diesem Rückwege bedrohen konnten, mussten mit kaltem Blute gemessen werden, und es wäre ein glücklicher Umstand gewesen, wenn sich daraus im Geiste des Feldherrn respective seines Generalstabes, der beruhigende Gedanke ergeben hätte, dass diese Gefahren kleiner seien, als das Unglück am 19. November, zum Kampfe nochmals anzusetzen.

Wie die Thatsachen bewiesen haben, konnte die bulgarisch-ostrumelische Armee am 19 November den Rückzug noch nicht erheblich stören, denn die den Serben gegenüber gestandenen Truppen waren durch die vorausgegangenen Kämpfe noch selbst zu sehr erschöpft; — die letzten Staffel der Verstärkungen aus Ost-Rumelien hatten aber noch zu grosse Strecken zurückzulegen, um sofort unterstützend eingreifen zu können. Bei Anwendung aller durch derlei ungünstige Verhältnisse gebotenen Sicherheitsmassregeln wären die Arrière-Garden der Serben bereits am 19. November Mittags im Dragoman-Passe gestanden, am 20. November aber hätte sich die serbische Armee der Kampfessphäre der Bulgaren entzogen gehabt.

Das ruhige Verharren des Fürsten Alexander am 20. und 21. November bei Slivnica hatte es nur zu deutlich gezeigt, dass auch den Bulgaren die Erfolge der dreitägigen Kämpfe schwere Opfer gekostet hatten und dass auch sie sehr dringend der Sammlung und Erholung bedurften.

Erwägt man ferners, dass die Truppen der Donau- und Drina-Division in den Stellungen Dragoman - Jarlovce - Solince durch fünftägige Märsche und zwei grosse unglückliche Gefechte gegen einen an Zahl weit überlegenen und in trefflichen Erdwerken geborgenen Gegner erschüttert waren, — dass Verstärkungen im allergünstigsten Falle vor 8 bis 10 Tagen von keiner Seite eintreffen konnten, —

dass das Eintreffen dieser Verstärkungen aber auch nicht in den eben
genannten Stellungen abzuwarten möglich war, weil bei der bisher
vom Fürsten Alexander und seiner Armee gezeigten Initiative ein so
langer Stillstand in den Operationen nicht angenommen werden
durfte — so muss man eigentlich staunen, dass der serbische
Generalstab nicht schon am Abende des 17., geschweige denn erst
am Abende des 18. November auf die einzig richtige Idee:
augenblickliche **Räumung Bulgarien's** und Retablierung
der Armee bei Niš verfallen war. Selbst am 20., ja vielleicht
sogar noch am 21. November, hätten die Serben Zeit gehabt, den
Rückmarsch in die Heimat geordnet und ohne wesentliche Belästigung
des Gegners durchzuführen. So aber liessen sie zwei Tage verstreichen, ohne den Rückzug anzutreten, und am 22. November
hatte Fürst Alexander, nachdem bis zu diesem Tage der letzte
Truppenstaffel aus Ost-Rumelien eingerückt war, mit einer bedeutenden
nummerischen Uebermacht abermals die Offensive ergriffen.

Bulgaren.

Die unmittelbaren Folgen von Slivnica waren, dass die junge
bulgarisch-ostrumelische Armee ihr Dasein in denselben kräftigst
gezeigt; dass sie ihre erste Probe glänzend bestanden; sich — gegen
alle Erwartung — als ein Factor erwiesen, mit dem künftig auf der
Balkan-Halbinsel sehr bedeutend zu rechnen sein wird; dass endlich
— und dies wohl in erster Linie — ihre Erfolge als das persönlichste
Werk des Fürsten Alexander angesehen werden müssen, der mit
kräftiger Hand sein Schicksal und dasjenige seines Landes in ungeahnte Bahnen gelenkt hatte. Man mag über die Politik des Fürsten
Alexander wie immer denken, militärisch bleibt er unter allen
Umständen eine glänzende Gestalt, ein Feldherr, der zuerst wägt und
dann wagt.

Die bulgarische Hauptstadt war gerettet; die serbische Armee
geschlagen und auf die Defensive geworfen. Der Erfolg war somit
gross, aber er hätte ein noch grösserer sein können, wenn Fürst
Alexander nicht erst die letzten Staffel seiner Verstärkungen abgewartet, sondern mit den bereits zur Stelle befindlichen Truppen die
Offensive am 20. oder wenigstens am 21. November kräftigst fortgesetzt hätte. Dieser Vorgang hat nicht stattgefunden. Zweifellos
ist es aber — es ist dies keine gewagte Behauptung — dass im
ersteren Falle die serbische Armee Pirot überhaupt nicht
mehr erreicht hätte; — dass dieselbe, bei den traurigen Verhältnissen, die in dieser Armee damals bereits geherrscht hatten,

bei dem grossen Munitionsmangel, abgeschnitten von ihren Verbindungen, den Unbilden der bereits angebrochenen strengen Jahreszeit in dem südwestlich der Strasse Pirot-Slivnica liegenden ressourcenarmen Wald- und Karstgebirge ausgesetzt, unrettbar einer Katastrophe entgegen gegangen; — dass den Bulgaren endlich Pirot erspart geblieben wäre, wenn sie am 20., ja vielleicht selbst noch am 21. November, der Offensive den Vorzug vor den Rasttagen gegeben hätten.

Schlacht bei Pirot am 26. und 27. November.

Mit dem vollständigen Rückzuge der Serben war am Abende des 19. November eine entscheidende Wendung in der allgemeinen Kriegslage eingetreten und das am 14. November begonnene Ringen der beiderseitigen Heere zu einem vorläufigen Abschlusse gelangt.

Naturgemäss mussten sich die Heeresleitungen der kriegführenden Parteien über die Fortführung der Operationen klar werden; dies bedingte die Festsetzung des Operations-Planes in seiner Fortsetzung.

Auf bulgarischer Seite war die Auffassung vorherrschend, dass es im Interesse der Serben liegen müsse, so früh als möglich die Vereinigung aller Theile der Nišava-Armee mit den in der Ausrüstung begriffenen Streitkräften des 2 Aufgebotes zu bewerkstelligen. Deshalb richteten sich alle Massregeln des bulgarischen Hauptquartiers beständig auf das eine Ziel, die Ausführung jenes vermutheten Vorhabens des Gegners zu verhindern, also: die am 22. November begonnene Offensive rasch und energisch auf der Strasse Slivnica-Pirot vorzutreiben, um möglicherweise den im Gebirge südwestlich dieser Strasse sich noch befindlichen serbischen Colonnen den Rückweg zu verlegen. Um aber die gesammte Kraft gegen König Milan in Thätigkeit bringen zu können, wurde die Haupt-Colonne auf der Chaussée im Marsche so lange zurückgehalten, bis die mit der Vertheidigung der Visker-Uebergänge betraute Colonne unter dem Commando des Hauptmannes Popow, die in den letzten Tagen auf etwa 9 Bataillone angewachsen war, zur Offensive übergegangen und Bresnik besetzt hatte, was am Abende des 20. November geschehen war.

In der Vornahme des linken bulgarischen Flügels, um im Verlaufe der Operationen mit selbem annähernd mit der Haupt-Colonne auf gleicher Höhe zu bleiben, in der mangelhaften Orientirung über die Verhältnisse auf feindlicher Seite, in dem notorischen Mangel an Cavallerie, in der Unklarheit der Verhältnisse in dem Raume zwischen Slivnica und Bresnik noch am 22. November, d. h. ob der Gegner thatsächlich bereits auf allen Linien den Rückzug angetreten habe, oder ob er noch eine Umgehung versuchen wolle, mögen wohl jene Gründe zu suchen sein, die das bulgarische Hauptquartier — entgegen der bisher gezeigten Energie und Thatkraft — abgehalten haben, die Offensive schon am 20., beziehungsweise am 21. November fortzusetzen.

Als die Bulgaren am Morgen des 22. November die Vorrückung wieder aufnahmen, fanden sie den Dragoman-Pass von der Drina-Division unter dem Commando des Obersten Miskovic besetzt. Diese letztere erfüllte ihre Aufgabe: „den Rückzug zu decken", — mit grösster Bravour, und ihrem heroischen Widerstande hatte es die Donau-Division überhaupt zu danken, dass sie Caribrod erreichte, die anderen Armeetheile aber den Rückzug auf dem Umwege südwestlich der Chaussée bewerkstelligen konnten.

Am 23. November wurde die Verfolgung wieder aufgenommen und die Serben schrittweise bis über die Grenze gedrängt. Fürst Alexander schlug an diesem Tage sein Hauptquartier in Caribrod auf und bezog dieselbe Wohnung, welche König Milan durch mehrere Tage innegehabt hatte.

Am 24. November war es nochmals zu einem kurzen Kampfe gekommen, in welchem beide Theile den Erfolg für sich in Anspruch nahmen. Die Serben hatten hierauf das bulgarische Gebiet geräumt und à cheval der Strasse zunächst der Grenze eine Aufstellung bezogen. In Folge Aufforderung der Grossmächte jedoch: „die Feindseligkeiten einzustellen", — hatte König Milan noch am Abende des 24. November den Befehl hiezu gegeben und gleichzeitig den Rückzug nach Pirot angeordnet, welcher am 25. November ausgeführt wurde.

Dementsprechend hatten die Serben das Gros ihrer auf Pirot abgezogenen 4 Divisionen, unter Zurücklassung schwacher Vorposten im Sukova- und oberen Nišava-Thale, in eine Stellung westlich Pirot geführt, welche sich links an den steilen Thalrand der Nišava, rechts an den kleinen Pasjaca-Bach anlehnte und somit bei einer Frontlänge von etwa 5 Kilometer, sowohl die Strasse von Pirot nach Knjaževac, als auch diejenige von Pirot nach Leskovac und über Bela Palanka nach Niš beherrschte. Während aus ihrer vordersten Linie die betreffenden Ausgänge Pirot's noch unter Feuer genommen werden konnten, blieben ihre am weitesten zurückgelegenen und zugleich höchsten Geschützstellungen etwa 6 Kilometer von diesem Orte ab. Die Verstärkung der Stellung durch Feldbefestigungen hätte allerdings eine ganz andere sein können, als sie es thatsächlich war, denn sie bestand blos in einem etwa 1.200 Schritte langen Jägergraben südwestlich Pirot und à cheval der Strasse. Endlich wurden der Armee einige Ergänzungs-Mannschaften aus den bei Niš in der Versammlung begriffenen Formationen 2. Aufgebotes zugeführt.

Die Bulgaren standen nach Bewältigung der serbischen Invasion mit ihren Hauptkräften — den Divisionen Gutschew und Nicolajew, etwa 34.000 Combattanten, — um Caribrod. Eine 12 Bataillone, 2 Batterien, etwa 12.000 Combattanten, zählende Colonne unter dem Commando des Hauptmannes Popow war, nach Detachirung der ihm unterstellten Abtheilungen des Hauptmannes Philipow nach den Zugängen der Vlasina, vorwärts Trn bis in die Gegend von Odorovci gelangt. Eine Brigade, meist aus Freiwilligen-Formationen bestehend, unter dem Commando des Hauptmannes Panicza, etwa 5.000 Mann stark, stand im Gebirge nördlich Caribrod an der vom Ginci-Passe kommenden Strasse bei Odorovci.

Am 25. November begab sich König Milan mit dem Kriegsminister und dem Minister Garašanin nach Belgrad behufs Betreibung der schnelleren Aufstellung des 2. Aufgebotes. Den Befehl über die Nišava-Armee übernahm Oberst Topalovic; dessen Morava-Division, Oberstlieutenant Milovan Pawlovic und die Functionen des Generalstabs-Chefs der Nišava-Armee, Oberstlieutenant Koka Milovanovic.

Was die Bulgaren betraf, so ward ihre Lage um so schwieriger, je weiter sie sich von Sofia, ihrer Basis, dem Stapelplatze aller ihrer Kriegs- und Verpflegsbedürfnisse, entfernten. Bei Beginn der Operationen hatten die Bulgaren den Vortheil, dass der Raum, aus welchem sie ihren Bedarf bezogen, in unmittelbarer Nähe hinter ihnen lag, während die Serben, je weiter sie vordrangen, desto mehr mit den Schwierigkeiten des Nachschubes zu kämpfen hatten. Mit jedem Schritte also, welchen die Bulgaren nach vorwärts machten, änderten sich natürlich diese Verhältnisse gerade in umgekehrter Weise.

Da es nicht in der Absicht dieser Betrachtungen liegt, sich mit den taktischen Details der Kämpfe zu befassen, so soll auch die Beurtheilung der Schlacht von Pirot nur mit Rücksicht auf nachfolgende Hauptmomente stattfinden:

   1. Strategische Einleitung und Zweck,
   2. Kraft,
   3. Strategische Form der Schlacht,
   4. Angriffsrichtungen,
   5. Erfolg.

ad 1. Die Operationen, die zu derselben führten, wurden eben besprochen.

Was den Zweck anbelangt, so kann man annehmen, dass — da durch die Intervention der Grossmächte die Herbeiführung eines Waffenstillstandes bereits im Zuge war, — beide Theile bei den diesbezüglichen Verhandlungen mit den möglichst günstigsten Chancen erscheinen wollten. Auf serbischer Seite also mochte es in der Absicht gelegen sein, durch einen glücklichen taktischen Schlag, der ihr allerdings aufgedrungen war, den Gegner zur Räumung Serbien's zu zwingen, — auf bulgarischer Seite dagegen, durch eine dauernde Festsetzung in Pirot ein Compensations-Object für den von Serben besetzten Vidiner-Kreis zu haben.

ad 2. Die serbische Nišava-Armee war vollständig versammelt: 4 Infanterie-Divisionen, 1 Cavallerie-Brigade; höchstens 26.000 Combattanten.

Die bulgarisch-ostrumelische Armee: 2 Divisionen und 2 Flanken-Colonnen, etwa 55.000 Combattanten, hatte gleichfalls alle verfügbaren Kräfte zur Schlacht herangezogen.

ad 3. Die Form der Schlacht schloss sich an die des strategischen Angriffes an: einfache Umgehung. Die strategische Umgehung des serbischen rechten Flügels, hinter welchem die Rückzugslinie von Pirot über Bela Palanka lag, war eigentlich schon am 26. November vollendet; am 27. November folgte die taktische Ueberflügelung des rechten serbischen Flügels durch einen bergauf bergab durchgeführten Flankenmarsch der linken Flanken-Colonne, nahe an der feindlichen Front vorüber. Der linke serbische Flügel konnte der Anlehnung an die Nišava halber, nicht umfasst werden, somit war auch die doppelte Umgehung ausgeschlossen. Wiewohl also die einfache Umgehung des strategisch richtigen rechten Flügels der Serben die leitende Idee des bulgarischen Hauptquartiers war, so erfolgte thatsächlich am Abende des ersten Schlachttages der Durchbruch, welchen übrigens die äusserst schwachen Kräfte der Serben im Centrum — es war dies nur 1 Bataillon und 1 Cavallerie-Regiment — förmlich zu provocieren schienen.

Sonst war die Gruppierung der serbischen Armee im Allgemeinen eine gute, die Reserve hinter dem rechten Flügel bei Blato richtig postirt.

ad 4. Die bulgarische rechte Flanken-Colonne bildete eigentlich den stehenden Pivot; der gesammte Rest wurde für die offensive Aufgabe: Angriff der feindlichen Front, Aufsuchen und Umgehen des rechten serbischen Flügels verwendet.

ad 5. Mehr oder weniger massen sich beide Theile den Sieg in dieser Schlacht zu. Taktisch neigte sich der Erfolg jedenfalls auf bulgarische Seite, wiewohl es eigentlich noch eines dritten Kampftages bedurft hätte, um die totale Niederlage des einen oder des anderen Theiles herbeizuführen. Der strategische Erfolg dieser Schlacht war für beide Theile eigentlich ein negativer, weil derselbe — da weder Bulgarien noch Serbien aus diesem Kampfe Nutzen zu ziehen in der Lage waren — nur auf beiden Seiten kolossale Menschenopfer im Gefolge hatte.

Der Verlust betrug an Todten, Verwundeten und Vermissten bei den Serben 1.000 Mann, — bei den Bulgaren und Ost-Rumeliern 2.000 Mann, also auf beiden Seiten etwa 4 % des Gefechtsstandes.

V.

Die Operationen im Vidiner-Kreise. — Gefecht bei Adlijé am 16. November.

Die Operationen im Vidiner-Kreise.

Serben.

Ueber den fehlerhaften Operationsplan, dem zu Folge auch das Timok-Corps zur Occupation von möglichst viel bulgarischen Territoriums zu schreiten, also auch die Offensive zu ergreifen hatte; über die hiezu verwendete Kraft; endlich den strategischen Aufmarsch wurde bereits im Capitel II gesprochen. Alle hiebei unterlaufenen strategischen Fehler in der Gesammt-Conception belasten wohl nur das serbische Ober-Commando. Und merkwürdig, trotz aller verfehlten Strategie verdient gerade das Timok-Corps nicht bloss aus dem militärischen Grunde Beachtung, weil es siegreich bis vor Vidin gedrungen war, sondern auch aus politischen Rücksichten, da es ein beträchtliches Territorium des Fürstenthums Bulgarien occupiert hatte, welches bei dem Friedensschlusse die Serben zweifellos vor Gebietsverlust, mindestens aber vor Zahlung einer Kriegsentschädigung rettete.

Wiewohl das Timok-Corps zur Durchführung einer selbstständigen Operation auf einem vom Hauptkriegsschauplatze abseits liegenden Territorium berufen war, so wurde dem Commando desselben dennoch nicht freier Spielraum gelassen. Nicht nur, dass es unter dem Drucke der durch den Operationsplan vorgezeichneten Aufgabe stand, auch die Art der Durchführung derselben wurde ihm zumeist vorgeschrieben.

Um der gestellten Aufgabe: Besetzung des Vidiner Kreises und Sicherung des eigenen Gebietes vor einer feindlichen Invasion nachzukommen, liess sich General Lješanin — wie die Verhältnisse lagen,

Taf. III.

scheint übrigens auch hierin das Ober-Commando seinen Einfluss geltend gemacht zu haben — mit kaum 10.000 Combattanten verleiten, eine derart ausgedehnte Aufstellung zu nehmen, dsss er zur Concentrierung seiner Streitkräfte auf einen Flügel mindestens 4 Tagmärsche benöthigt hätte, was verderbenbringend, somit absolut als fehlerhaft bezeichnet werden muss.

Für den Beginn der Operationen scheint es die Absicht des Corps-Commandos gewesen zu sein, durch die bei Kadibogas und Bregovo detachirten Flügel die Timok-Linie zu decken und gleichzeitig den Gegner nächst Belogradčik und in Vidin festzuhalten, mit dem Centrum aber den offensiven Verstoss zu führen, dessen Resultat sodann für das Weitere massgebend sein sollte. Die vom Corps-Hauptquartier zur Durchführung dieser Absicht getroffenen Dispositionen lauteten:

„Der rechte Flügel (Oberstlieutenant Putnik) hatte mit 2 Bataillonen 2. Aufgebotes und 1 Gebirgs-Batterie von Kadibogas gegen „Belogradčik zu rücken und die Passsperre dortselbst zu nehmen oder „zu blokiren; 1 Bataillon 2. Aufgebotes war ausserdem auf den Pass „von Sveti Nikola dirigiert, um denselben zu besetzen, festzuhalten „und nach Möglichkeit mit den ersteren 2 Bataillonen nach Belogradčik „vorzugehen.

„Der linke Flügel (Oberstlieutenant Dinić) war beordert, mit „4 Bataillonen bei Bregovo einen durch einen Brückenkopf gesicherten „Uebergang über den Timok herzustellen und gegen Ginzova zu rücken.

„Das Centrum, bei welchem sich das Corps-Commando befand, „mit 6 Bataillonen des 1. und 2 Bataillonen des 2. Aufgebotes, 3 Es-„cadronen und 2 Feldbatterien war bestimmt, gegen Adlijé vorzugehen „und den dort stehenden Feind anzugreifen."

Am 15. November überschritt General Ljesanin um 10 Uhr vormittags, also einen Tag nach der Kriegserklärung, bei Vrške Čuke mit dem Centrum die serbisch-bulgarische Grenze in der Richtung gegen Adlijé, schlug die Bulgaren an diesem Tage daselbst und zersprengte sie am darauffolgenden — dem 16. November — vollends. Mit diesem zweiten Schlage des Generals Ljesanin waren die gegnerischen Kräfte, welche ihm die Strasse nach Vidin verlegen wollten, gänzlich aus dem Wege geräumt. Der Weg nach Vidin war frei, nur wurde derselbe nicht gleich betreten.

Inzwischen waren auch die beiden detachirten Flügel in Action getreten. Der rechte war bis Salaš vorgegangen, musste aber, von überlegenen Kräften gedrängt, wieder auf Kadibogas zurück; der linke wurde mitten in der Vorbereitung des Ueberganges über den Timok

von den Bulgaren aus Vidin angegriffen, welche am 16. November
diesen Fluss überschritten, um zunächst in Negotin einzufallen, aber
von Oberstlieutenant Dinić zurückgeworfen wurden, worauf die Serben
die Offensive ergriffen, den unteren Timok überschritten und auf
Ginzova vorrückten.

Die verschiedenen Erfolge dieser einzelnen Gruppen zeigen wohl
am deutlichsten, wie ungerechtfertigt, d. i. gefehlt die übermässige
Ausdehnung im Aufmarsche war, die eben nur auf das Besetzen
möglichst grosser Länderstrecken ausging, ein auf gegenseitiger Unterstützung berechnetes Handeln aber, ein Sichvereinen zum taktischen
Schlage, gänzlich unmöglich machte.

Einen der grössten Fehler in den Operationen des Timok-Corps
— und dieser kann wohl nur dem Corps-Commando selbst zur Last
gelegt werden — bildete aber der Umstand, dass General Lješanin
den errungenen Sieg nicht sofort ausnützte. Vidin musste unmittelbar nach dem Schlage von Adlijé **überrumpelt** werden. Nur in
diesem einzigen Falle, d. i. wenn die Haupt-Colonne — nachdem
einmal die beiden Flügel-Colonnen schon von Haus aus ausser aller
Verbindung mit ihr waren — den geschlagenen Bulgaren auf den
Fersen, coûte qu'il coûte, gefolgt wäre, konnte das Corps-Commando
hoffen, Vidin mit einem **Handstreiche** zu nehmen. Bei der völligen
Entblössung dieser Festung von Streitkräften und bei der Verfassung
der geschlagenen Schaaren, die sich allenfalls in dieselbe geflüchtet
hatten, konnte immerhin mit einiger Sicherheit auf die Ueberrumplung
des Platzes gerechnet werden. Statt nach der Zersprengung des
Feindes bei Adlijé sich somit mit langen Recognoscierungen zu befassen
und Streifungen bis an den Lom nach allen Seiten durchzuführen,
worüber 3 Tage — vom 17. bis 19. November — vergangen waren,
musste das Timok-Corps rasch, d. i. mit **möglichster Schnelligkeit gegen Vidin stossen**. War dieser **Moment verpasst**, dann
war wenig, eigentlich gar keine Aussicht mehr vorhanden, in Vidin
sobald die serbische Fahne gehisst zu sehen.

Zieht man die Vorgänge bei Slivnica in Berücksichtigung; —
erwägt man, dass erst am 20. November die concentrische Vorrückung
des Centrums und des linken Flügels begann, (der rechte war nach
der misslungenen Offensive bei Kadibogas festgenagelt), dass dieselbe
durch dichten Nebel verschiedene Recognoscierungen sich bis zum
23. November hinzog; — dass erst am 24. November die Berennung
Vidin's erfolgte; — dass seit Adlijé 7 Tage verflossen waren, innerhalb welcher die zersprengten bulgarischen Kräfte hinreichende Zeit

gefunden hatten, um sich zu sammeln und ihren moralischen Halt wieder zu gewinnen; — dass die Haupt-Colonne des Timok-Corps in der Zeit von 7 Tagen nur 57 km, also durchschnittlich per Tag 8 km, d. i. kaum 2½ Marschstunden zurücklegte, somit gerade das Gegentheil von Raschheit, d. i. der möglichsten **Langsamkeit** sich befleissigte; — dass endlich nach Abschlag der vielen Detachierungen die vor Vidin anlangenden 8.000 bis 9.000 Combattanten kaum die Berennung und Einschliessung der Landfronten der Festung zu bewältigen vermochten; — so erhellt hieraus wohl zur Genüge, wie wenig dieselben geeignet waren, einen **belagerungsmässigen Angriff** durchzuführen. Für diesen selbst aber war in erster Linie eine genügende Anzahl schwerer Belagerungsgeschütze erforderlich, für deren Bereitstellung doch vom Beginne der Mobilisierung bis zur Eröffnung der Feindseligkeiten wahrlich genug Zeit vorhanden war. — Mit vielen „Ach und Krach" waren endlich für das Bombardement am 26., 27. und 28. November 13 Belagerungsgeschütze *) zur Stelle; was konnte mit diesen erreicht werden?!

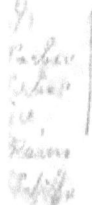

Endlich darf nicht unerwähnt bleiben, dass das gänzliche **Ausserachtlassen der Donau** von serbischer Seite — also nicht einmal der Versuch, Vidin von der Wasserseite irgend welchen Schaden beizubringen — ein grosser Fehler war. Die Bulgaren besassen ja eine Donau-Flottille von 6 Dampfern mit 15 Geschützen und 6 Torpedo-Booten, welch' erstere lebhaft damit beschäftigt waren, aus den Städten und Bezirken längs der Donau Mannschaften und Vertheidigungsmaterial heranzubringen, was überhaupt noch aufgetrieben werden konnte. Unter ihrem Schutze wurde ferner die in Ruscuk, dem **Arsenale Bulgarien's**, vorhandene artilleristische Ausrüstung — es sollen dies mindestens 30 schwere Geschütze gewesen sein — so wie die in diesem Orte mobilisierte Festungs-Artillerie-Compagnie nach Vidin transportiert. An eine Störung dieser ganz gemüthlichen Fahrten, d. i. wenigstens an eine theilweise Isolierung Vidin's von der Wasserseite, scheinen jedoch die Serben gar nicht gedacht zu haben.

Die Operationen des Timok-Corps kosteten den **Serben** an Todten, Verwundeten und Vermissten im Ganzen nur etwa 300 Mann, also etwas über 2%; den **Bulgaren** etwa 1.900 Mann, worunter allerdings 1.700 Gefangene, somit etwa 25%.

---

*) Nach den Angaben des Kriegsberichterstatters Herrn J. Lukeš (Armee-Blatt Nr. 9 vom 2. März 1886) waren vorhanden: 3 gezogene 12-Pfünder; 2 15cm. Hinterlader lange Krupp; 1 15cm. Hinterlader kurzer Krupp; 1 15cm. serbischer Bronce-Hinterlader; 6 12-pfündige gezogene Mörser.

Bulgaren.

Die Aufgabe der in den Vidiner-Kreis gesandten Truppen war, denselben vor der feindlichen Invasion zu schützen. Es war dies eine Aufgabe, die jedenfalls leicht „gesagt", aber unendlich schwer „durchführbar" war. Dass somit die den Serben in keiner Beziehung gewachsenen und nur lose zusammengehaltenen bulgarischen Landsturm- und Freiwilligen-Bataillone, welchen nur etwa 2.500 Mann regulären Truppen als Kern dienten, diese Aufgabe nicht zu lösen im Stande sein werden, darüber musste selbst jeder Laie schon vor dem Beginne des Kampfes im Reinen sein.

War also eine **offensive** Vertheidigung des Vidiner-Kreises undurchführbar — und dies musste ebenso dem Commandanten der in diesem Kreise concentrierten Truppen **klar** sein, wie es überhaupt aller Welt klar war — so erübrigte wohl nur eine Lösung der Aufgabe in **defensiven** Sinn. Diese aber erforderte: **Concentrierung der Kräfte bei und um Vidin**, bei **Vermeidung** eines jeden **entscheidenden Gefechtes im freien Felde**, was jedoch nicht ausschloss, dass den einmarschierenden Serben die Vorrückung mit Zuhilfenahme aller für derartige Fälle von der Theorie angegebenen Mitteln — so weit als möglich zu erschweren gewesen wäre.

Gefecht bei Adlijé am 16. November.

Abgesehen von der strategischen Einleitung zu diesem Gefechte, Taf. III. über die am Anfange dieses Capitals gesprochen wurde, kommen noch — wie immer — die folgenden Punkte einer kurzen Würdigung zu unterziehen:

1. Zweck,
2. Kraft,
3. Angriffsrichtung,
4. Erfolg.

ad 1. Auf **serbischer** Seite offenbar mit einem kräftigen Schlage die bulgarischen Streitkräfte zu vernichten, sodann den Vidiner Kreis zu besetzen; auf **bulgarischer** Seite dagegen die Besesetzung des Vidiner Kreises, wenn nicht unmöglich zu machen, so doch wenigstens zu erschweren. Ob dieser Absicht nicht eine Versammlung der Kräfte unter den Mauern von Vidin besser entsprochen hätte, mag dahingestellt sein; immer aber wird es unbegreiflich — weil unerklärlich — bleiben, wieso man die, den Truppen Lješanin's in jeder Beziehung inferioren Kräfte der Bulgaren, die schon tagsvorher eine empfindliche Schlappe erlitten hatten, abermals — und diesmal gewiss — einem Echec im freien Felde aussetzen konnte.

ad 2 Die Serben hatten an Combattanten: 6.500 Mann Fusstruppen, 400 Reiter, 12 Geschütze; — die Bulgaren: 5.000 Mann Fusstruppen (darunter etwa die Hälfte Freiwillige) 150 Reiter und 8 Geschütze. Die nummerische und intellectuelle Kraft war somit entschieden auf Seite der Serben.

ad 3. Der strategische Flügel für die Serben war jedenfalls der bulgarische rechte, desshalb wurde derselbe auch angegriffen und über den Witbol geworfen; die Bulgaren somit eigentlich von ihrer Rückzugslinie Adlije-Vidin abgedrängt.

ad 4. Auf serbischer Seite gross; die bulgarischen Streitkräfte in freiem Felde waren vernichtet, der Vidiner Kreis in den Händen des Siegers. Der Erfolg wäre aber ein ungleich grösserer gewesen, wenn — wie schon erwähnt — General Lješanin einer ungestümen Verfolgung des Feindes und Vorrückung auf Vidin den Vorzug, vor der übermässigen — weil hier nicht gerechtfertigten — Vorsicht gegeben hätte.

VI.

Schlusswort.

Am Morgen des 28. November — also 14 Tage nach Eröffnung der Operationen durch die Serben — passierte der österreichisch-ungarische Gesandte Graf Khevenhüller in Belgrad die beiderseitigen Vorpostenlinien und brachte, in Pirot angelangt, dem Fürsten Alexander ein von den Grossmächten, in erster Linie von Oesterreich-Ungarn gestelltes Ansuchen, die Feindseligkeiten s o f o r t einzustellen, somit seine Armee nicht über Pirot vorrücken zu lassen. — Schon nach wenigen Stunden wurde zwischen den beiderseitigen Ober-Commandos die Einstellung der Feindseligkeiten unter Belassung der Truppen in ihren momentanen Positionen vereinbart. Beide Armeen behielten annähernd gleichwerthige Terrain-Abschnitte des Gegners besetzt; die serbische eine grössere Fläche, die bulgarische in Pirot einen wichtigen Punkt.

Am 21. December 1885 wurde durch die in Wien sich befindlichen Militär-Bevollmächtigten der Berliner Congressmächte ein Waffenstillstand vereinbart, dem am 3. März 1886 der F r i e d e v o n B u k a r e s t folgte, laut welchem „der Zustand wieder hergestellt „wurde, wie er vor dem 14. November 1885 zwischen den krieg-„führenden Parteien bestanden hatte."

Im Verlaufe der kriegerischen Operationen hatte S e r b i e n 6.800 Mann an Todten und Verwundeten und etwa 1.200 Gefangene verloren. Das b u l g a r i s c h - o s t r u m e l i s c h e H e e r konnte seinen Verlust auf 2.400 Todte und Verwundete und etwa 3.300 Gefangene berechnen. Den Serben hatte der dritte Tag bei Slivnica der 19. November; — den Truppen des Fürsten Alexander der zweite Schlachttag bei Pirot, der 27. November, die meisten Opfer gekostet. Thatsache ist es, dass die in's Feld gestellten serbischen 45.000 Combattanten — ganz abgesehen von den Kranken, Maroden und Gefangenen—in dem kurzen 14tägigen Feldzuge m e h r a l s d e c i m i r t wurden, da jeder 6. bis 7. Mann entweder auf dem Schlachtfelde blieb oder mehr oder minder schwer verwundet aus den Reihen der Kämpfenden zurückgezogen werden musste.

Ein **materieller Gewinn** war weder von den Serben noch von den Bulgaren erreicht worden.

Auf der einen Seite wäre es ein grosser Irrthum, wollte man glauben, **Serbien sei durch die Bulgaren geschlagen, niedergeworfen und in einen Zustand der Wehrlosigkeit versetzt** worden, in welchem die letzteren den ersteren den Frieden einfach nur dictieren hätten können; — auf der anderen Seite haben die Bulgaren **zum Staunen von ganz Europa bewiesen, welch' tüchtiger Kern in ihnen stecke, sowie, dass sie, befreit von fremden Einflüssen, gar wohl im Stande seien, sich selbst zu erhalten und zu regieren.**

Die Vereinigung Bulgarien's mit Ost-Rumelien ist heute bereits eine Thatsache. Fürst Alexander ist innerhalb der bulgarischen Welt Herr und anerkannter Führer, gegen dessen Willen die bisher so einflussreichen russischen Agitatoren nicht einen Schritt nach rechts oder links von dem vorgezeichneten Pfade wagen dürfen. **Das bulgarische Volk aber hat seinen sehnlichsten nationalen Wunsch: die Vereinigung erreicht, wiewohl dieselbe mit seinem Blute erkauft**; auf beiden Seiten des Balkan hat es sich als kriegstüchtig über alles Erwarten, als disciplinirt gegen alle Voraussetzung bewährt, mit einem Worte: **als ein Element, mit welchem fortan bei Behandlung der Orientfragen in ganz anderer Weise als bisher wird gerechnet werden müssen.**

Bei den Serben lag der Grund zu allen sonst militärisch geradezu unbegreiflichen Vorgängen bei der Nišava-Armee vom 2. Kampftage bei Slivnica angefangen, also vom 18. bis 28. November, in der schon im Capitel I erwähnten Thatsache: dass diese **Armee sich grösstentheils bereits am 18. November verschossen** hatte.

„Das war das grosse öffentliche Geheimniss innerhalb der „Reihen der Nišava-Armee vom einfachsten Soldaten bis zum Könige „hinauf", — sagt der Kriegsberichterstatter Herr J. Lukeš der „W. „Allg. Ztg." — „und unter der furchtbaren lähmenden Wucht dieser „Thatsache erstarb die ganze serbische Kriegführung an der Nišava „im Kleinen wie im Grossen Die Patrontasche des Soldaten, der sich „ganz brav, ja musterhaft schlug, war in der Hitze des Kampfes leer „geworden. Fest behauptete, eigene, ja selbst genommene feindliche

„Positionen mussten schon bei Slivnica geräumt werden, weil man das
„gegnerische Feuer nicht erwidern konnte. Aber auch rückwärts
„fanden sich die ersehnten Tragthiere mit den Munitionskisten nicht
„vor und unwillig fragten sich die Blicke der Officiere, der Truppen-
„Commandanten, was das bedeuten solle. Umsonst sprengten die
„Adjutanten zum Train, um die Munitions-Colonnen aufzusuchen und
„ihnen den Weg zu den Truppen zu weisen. Es waren keine
„Munitions-Colonnen zu finden, weil überhaupt keine da waren, oder
„es musste mit dem bischen noch vorhandener Munition gespart
„werden. Voll Ingrimm gaben die Commandanten Befehl zu weiterem
„Rückzuge. Mit verhaltener Wuth in Blick und Miene führten die
„Officiere ihre Abtheilungen vor dem schnellfeuernden Feinde kampflos
„zurück. Eine masslose Bestürzung nahm in den Reihen der Mann-
„schaft überhand und, wo sonst siegbewusster Heldenmuth geherrscht,
„waltete verderbenbringende Panik. So sah es bei den Truppen aus.

„Im Hauptquartiere aber ging es noch trostloser her. Zu den
„offenkundigen politischen, strategischen und taktischen Gebrechen der
„eigenen Kriegführung, welche bei Slivnica zu dem jähen Umschlage
„des Siegeslaufes der ersten drei Kriegstage geführt hatten, trat nun
„das wohl einzig dastehende administrative Verschulden der Kriegs-
„verwaltung, welches mit völligem Verderben drohte. Jedwede strate-
„gische Conception war in vorhinein illusorisch, jedwede taktische
„Massnahme völlig haltlos geworden. Position um Position musste aufge-
„geben, Kampf um Kampf abgebrochen, Marsch um Marsch retirirt
„werden, denn die für einen einzigen Kampftag reichende Munition
„musste für den Verzweiflungskampf aufgespart werden. Kurz, das
„ganze Hauptquartier, Generalstab wie Ober-Commandant, waren völlig
„lahm gelegt und nie noch hat vielleicht ein Herrscher so furchtbare
„Tage und Nächte durchlebt, als König Milan vom 18. bis zum
„28. November."

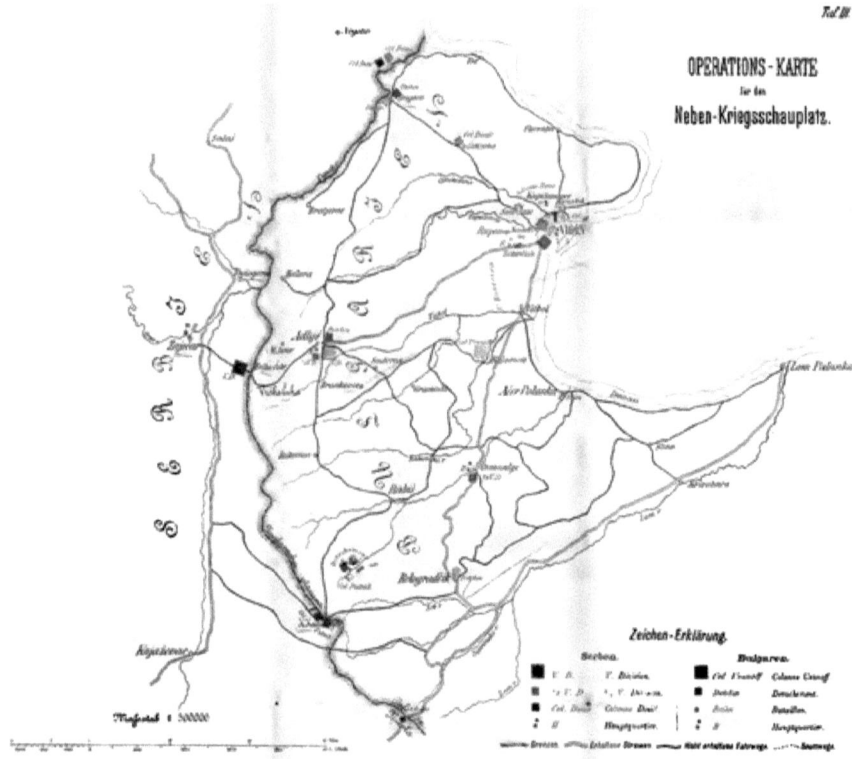

OPERATIONS-KARTE für den **Neben-Kriegsschauplatz.**